Hans-Peter Unger
Carola Kleinschmidt

Bevor der Job
krank macht

Hans-Peter Unger
Carola Kleinschmidt

Bevor der Job krank macht

Wie uns die heutige Arbeitswelt
in die seelische Erschöpfung treibt –
und was man dagegen tun kann

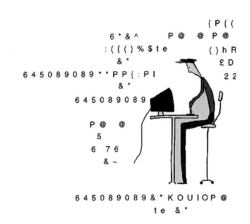

Kösel

Hinweis

Wenn nicht anders vermerkt, entstammen die im Buch enthaltenen Fallgeschichten der klinischen Praxis von Dr. Hans-Peter Unger. Orts- und Eigennamen wurden verändert, um die Intimsphäre der Betroffenen zu schützen. Autoren und Verlag danken für die Einwilligung zur Veröffentlichung.

Verlagsgruppe Random House FSC-DEU-0100
Das für dieses Buch verwendete FSC-zertifizierte Papier *EOS*
liefert Salzer, St. Pölten

3. Auflage 2007
Copyright © 2006 Kösel-Verlag, München,
in der Verlagsgruppe Random House GmbH
Umschlag: fuchs_design, München
Umschlagmotiv: Justine Beckett/Getty Images
Druck und Bindung: GGP Media GmbH, Pößneck
Printed in Germany
ISBN 978-3-466-30733-3

www.koesel.de

Inhalt

Einleitung

oder: Warum Georg B. nachts mit panischer
Angst kämpft 11

Kapitel 1

**Die Depression als Arbeitsunfall
der Moderne** 21

Faktoren, die unsere Seele am Arbeitsplatz unter
Druck bringen 22

Mangel an Wertschätzung: Die Gratifikationskrise 23

Eine Kostenexplosion 27

Richtungsweisende Präventionsprogramme 29

Gefährliche Entwicklungen 30

Exkurs 1: Was ist eine Depression? 35

Kapitel 2

Individualisierung und Globalisierung: Arbeitsbedingungen heute.................. 43

Depression: Gehirnerkrankung oder soziale Erkrankung?................................. 43

Grundlage individueller Orientierung: Der Referenzwert   46

Wachsende Orientierungslosigkeit................. 48

Selbstbestimmung und Individualisierung........... 50

Chance und Angstfaktor: Die Globalisierung......... 51

Der Weg in die Erschöpfung..................... 54

Exkurs 2: Die Depression aus dem Blickwinkel der Evolution oder: Waren Steinzeitmenschen auch schon depressiv?.................... 56

Kapitel 3

Schreckgespenst Stress: Warum uns die an sich gesunde Stressreaktion krank machen kann................ 61

Was bei Gefahr in Körper und Geist passiert........ 62

Wie Dauerstress krank macht.................... 65

Gewohnte Zustände: Dauerstress am Arbeitsplatz.... 67

Welcher Stresstyp sind Sie?...................... 67

Welcher Jobstress schlägt auf die Psyche?.	71
Tückisch: Der unbemerkte Stress	73
Ausgebrannt? Das Burn-out-Syndrom	75
Zusammenhänge zwischen Burn-out und Depression .	80
Schikane am Arbeitsplatz: Mobbing.	80
Was verbindet Mobbing, Burn-out und die Erschöpfungsdynamik?.	83
Exkurs 3: Stresstypen und Teufelskreise: Warum Menschen unterschiedlich auf Stress reagieren	85

Kapitel 4

Die Erschöpfungsspirale.	89
Erschöpfte Europäer.	91
Die Geschichte von Georg B.	92
Depression statt Karriere	94
Die erste Stufe der Erschöpfung: Wenn der Rücken schmerzt, der Schlaf sich verweigert und die Gedanken Karussell fahren	96
Die häufigsten Warnsignale	101
Die zweite Stufe der Erschöpfung: Wenn die Emotionen verrückt spielen.	104
Die dritte Stufe der Erschöpfung: Wenn die Leistung nachlässt, der Partner sich verabschiedet und der Lebensmut schwindet.	106

Leben mit der Erschöpfungsspirale 107

Exkurs 4: Die Depression: Ursachen und Behandlungsmöglichkeiten 109

Kapitel 5

Das kreative Gleichgewicht: Warum Gesundheit und Wohlbefinden ein stetiger Balanceakt ist 121

Drei wichtige Orientierungsfragen 124

Die Führungskraft: »Ich trenne nicht zwischen Arbeit und Leben« 125

Die Energie-Expertin: »Ich folge meinem inneren Rhythmus« 128

Die Sozialarbeiterin: »Ich kann gut abschalten« 131

Der Projektmanager: Die Krise gibt dem Leben eine neue Richtung 133

Was können wir von diesen Menschen lernen? 135

Ein Fazit: Die eigene Weiterentwicklung 147

Exkurs 5: Was tun, wenn man selbst, ein Kollege oder ein Mitarbeiter an einer Depression erkrankt ist? 150

Kapitel 6

Das gesunde Unternehmen – Luxus oder Leitbild? ... 157

Gesund im Job, gesund im Leben? ... 159
Was ist »gute Arbeit«? ... 160
Leider die Regel: »Schlechte Arbeitsplätze« ... 162
Im toten Winkel des Unternehmerblicks ... 163
Positive Firmenbeispiele ... 165
So rechnet sich Gesundheit für das Unternehmen ... 169
Lasst uns drüber reden: Offenheit hilft ... 172
Nur der Vorgesetzte kann den Teufelskreis durchbrechen ... 173
Schlechte Führung macht krank ... 176
Notbremse innere Kündigung? ... 177

Nachwort

Dank ... 185
Anmerkungen ... 186
Literaturverzeichnis ... 193

Einleitung

oder: Warum Georg B. nachts mit panischer Angst kämpft

»Hast du wirklich gut geschlafen, Georg?«, fragt ihn morgens seine neben ihm liegende Ehefrau und schaut ihn etwas besorgt an. »Ja«, antwortet Georg mit einem unbestimmten Lächeln, das ihm selbst wie eine Mischung aus Trotz, Verzweiflung und Selbstbetrug erscheint. Gestern Abend war er erst um 21 Uhr aus dem Büro gekommen. Nur wenig später war er bereits vor dem Fernseher eingeschlafen. Die *Tagesthemen* waren noch nicht einmal zu Ende. Mit seiner Frau hatte er kaum ein Wort gewechselt.

Später, sie lagen schon im Bett, hatten sie Streit bekommen. Seine Frau hatte ihm vorgeworfen, dass er sich in der Firma unter Wert verkaufe, dass er die Bodenhaftung verloren habe, mit den Kindern und ihr nur noch in scheinbarem Kontakt sei. »Du bist nicht der Mittelpunkt der Welt«, hatte sie fast verzweifelt gesagt und ihm versucht zu erklären, dass er in seinem Job doch nicht die Welt neu erfinden müsse. Die Familie, sie, alles sei der Arbeit untergeordnet. Ob er nicht spüre, dass er sich entwürdige, wenn er immer neue Aufgaben annimmt.

»Was willst du eigentlich wem beweisen?« war ihre letzte Frage, bevor sie sich umdrehte und sagte: »So kann es nicht weitergehen, ich werde dich nicht pflegen, wenn du einen Herzinfarkt bekommst!«

Georg hatte geschwiegen. In seinem Kopf waren die Gedanken Karussell gefahren: Sie versteht mich nicht! Sie macht mir nur noch mehr Druck! Er spürte ein schmerzhaftes Drücken im Magen und war darüber wortlos eingeschlafen. Nach etwa drei Stunden war er jedoch schweißgebadet wieder aufgewacht. Sein Mund war trocken, er fühlte sich verletzt, enttäuscht, angstvoll und wusste nicht, wie es weitergehen sollte. Bevorstehende Termine und unerledigte Aufgaben schossen ihm durch den Kopf. Er fühlte sich wie gelähmt und die Angst nahm zu. Es war einfach nicht zu schaffen! Seine Gedanken drehten sich immer schneller: Was würden die Kollegen, der Chef denken? Wie stand er da? Die Angst steigerte sich zur Panik und erfasste seinen ganzen Körper, er spürte eine unerträgliche Unruhe in Brust und Bauch. Georg stand auf und schlich sich leise in die Küche, um ein Glas Wasser zu trinken. Was hatte er falsch gemacht, wie hätte er die Arbeit noch schneller erledigen können? Bei all dem, was sich auf seinem Schreibtisch staute! War er vielleicht der falsche Mann am falschen Platz?

Was Georg zu diesem Zeitpunkt noch nicht weiß: Seine Schlafstörungen, Gedankenspiralen und Angstgefühle sind ein Zeichen dafür, dass er mitten in einer seelischen Erschöpfungskrise steckt. Nur wenige Wochen später, als er wegen seines ständigen Unwohlseins, seiner Schlafstörungen und Panikattacken zum Arzt geht, erhält er die Diagnose: Erschöpfungsdepression. Er ist schockiert. Eine Depression? Er, der aufstrebende Manager, emotional stabil und tatkräftig, entscheidungsfreudig und ehrgeizig, hat eine Depression!?

Lange Zeit galt die Depression als eine Krankheit, die vor allem Frauen trifft, die nach Schicksalsschlägen oder Verlusten auftreten kann, vielleicht auch vererbbar ist, aber immer mit Schwäche, Schuld und Versagen in Verbindung gebracht wird. Erst seit einiger Zeit weiß man um die Bedeutung, die Dauerstress bei der Entstehung von Depressionen haben kann.[1]

Mit diesem Wissen ist auch die Arbeit als auslösender Faktor in den Fokus der Wissenschaftler und Psychiater gerückt. Immer mehr Zeichen deuten inzwischen darauf hin, dass die heutigen Arbeitsbedingungen, mit ihrem hohen Tempo und der wachsenden Arbeitsdichte, ihren hohen Anforderungen an Flexibilität und soziale Fähigkeiten, oftmals Auslöser für Erschöpfungskrankheiten bis hin zu Depressionen sind.

Kann es also sein, dass Arbeit krank macht? Und wenn ja, was sind die konkreten Auslöser? Welche Krankheiten verursacht Arbeit in der modernen Dienstleistungsgesellschaft? Und, nicht zuletzt, wie können wir uns davor schützen? Diese und ähnliche Fragen werden in der Öffentlichkeit zunehmend gestellt. Die Informationsmedien haben das Thema entdeckt. Das Magazin *Stern* schreibt über »Kollege Angst«.[2] Das TV-Magazin *Report* widmet dem Thema »Psychostress im Job« einen Beitrag.[3] Die *Süddeutsche Zeitung* berichtet über Leistungsdruck und den »Tatort Arbeitsplatz«.[4] Nur die Unternehmen stellen sich zum Großteil noch taub. Psychische Probleme im Job, Stress und Erschöpfung sind immer noch ein Tabu.

Die Krankenkassen weisen umso vehementer auf das Thema hin. Der DAK-Gesundheitsreport 2002[5] zeigte in Deutschland zum ersten Mal deutlich, dass Arbeitsunfähigkeit aufgrund von seelischen Erkrankungen deutlich zunimmt. Der Trend hat sich im Gesundheitsreport 2005[6] so sehr verstärkt, dass der Report sich speziell mit der konstanten Zunahme von psychischen Erkrankungen – vor allem Depressionen – und den möglichen Zusammenhängen mit den heutigen Arbeitsbedingungen beschäftigt. Die Zahlen sind alarmierend: Die Arbeitsunfähigkeitstage aufgrund seelischer Erkrankungen haben im Beobachtungszeitraum 1997 bis 2004 um 69 Prozent zugenommen. Die Zahl der Krankheitsfälle ebenfalls um

70 Prozent. Besonders betroffen sind Mitarbeiter im Gesundheitswesen, in der öffentlichen Verwaltung, in Organisationen und Verbänden, also in Bereichen, in denen direkt mit Menschen gearbeitet und kommuniziert wird.

Die Experten sind sich in der Beurteilung der Zahlen nicht einig. Viele sehen einen engen Zusammenhang zwischen dem Anstieg der seelischen Erkrankungen und den Belastungen in der Arbeitswelt. Andere weisen darauf hin, dass seelische Erkrankungen heute vielleicht auch nur besser diagnostiziert werden. Oder dass einfach mehr und offener über seelische Probleme in der Öffentlichkeit gesprochen wird. In jeder Talkshow berichten Menschen inzwischen über ihre Probleme, Befindlichkeiten und Grenzbereiche.

Doch selbst wenn diese Faktoren bei der sichtbaren Zunahme von Depressionen eine Rolle spielen mögen, scheint es doch, dass Depressionen und andere psychische Erkrankungen in der Bevölkerung auch tatsächlich zunehmen. Nicht nur in Deutschland berichten Studien von der Zunahme depressiver Erkrankungen. Berichte aus Nachbarländern wie den Niederlanden oder Schweden zeigen ebenso eine Zunahme von Langzeiterkrankungen aufgrund von Depressionen.[7]

Die »Burden of Desease Statistics« (Statistik der Belastung durch Krankheiten)[8] der Weltgesundheitsorganisation WHO und der Weltbank sieht die Depression im Jahre 2030 weltweit an zweiter Stelle der Erkrankungen, die, gemessen am Grad von Behinderung und Verlust von Lebensqualität, die Menschheit am stärksten belasten. Damit käme die Depression direkt hinter Aids. Derzeit steht die Depression bereits auf dem vierten Platz auf der Leidensstatistik der Menschheit, nach Schwangerschafts- und Geburtskomplikationen, Infektionen der Atemwege und Aids.

Auf Kongressen und Tagungen zum Thema Depression in Deutschland, Europa und den USA rückt dabei immer häufiger die Rolle der modernen Arbeitswelt in den Vordergrund. Prof. Marie Asberg, eine führende Depressionsforscherin des

Einleitung

Stockholmer Karolinska-Instituts, berichtete auf dem Europäischen Psychiaterkongress 2002,[9] dass eine Nachuntersuchung bei 70 Prozent der Arbeitnehmer, die wegen einer Depression länger als drei Monate arbeitsunfähig waren, ergab, dass die möglichen auslösenden Faktoren im Bereich der Arbeitswelt lagen. Das »Deutsche Bündnis gegen Depression« hat unter dem Titel »Müde, erschöpft, leer – krank? Was tun, wenn Mitarbeiter ausbrennen oder depressiv werden?« Materialien zur Früherkennung von Depressionen und zur Erleichterung der Wiedereingliederung am Arbeitsplatz entwickelt.[10] Die amerikanische Psychiatergesellschaft hat zusammen mit großen Firmen eine »Nationale Partnerschaft für seelische Gesundheit am Arbeitsplatz«[11] gegründet. Und der französische Soziologe Alain Ehrenberg schreibt zusammenfassend über die deutliche Zunahme von depressiven Erkrankungen seit dem Zweiten Weltkrieg: »Nur eines ist diesen epidemiologischen und statistischen Untersuchungen gemeinsam: Sie betonen die Bedeutung des gesellschaftlichen Wandels«.[12] Alle Zeichen deuten darauf hin, dass die moderne Gesellschaft, und vor allem die heutige Arbeitswelt, immer mehr Menschen aus dem seelischen Gleichgewicht bringt.

»Die fetten Jahre sind vorbei«, dies ist nicht nur der Titel eines preisgekrönten Films aus dem Jahr 2004. In der Bundesrepublik ist mit dem Fall der Mauer ein beschütztes und prosperierendes Leben an der Schnittlinie der Blockkonfrontationen zwischen West und Ost, zwischen Kapitalismus und Kommunismus zu Ende gegangen. Das viel beschworene Wirtschaftswunder ist rückblickend nicht nur der Tüchtigkeit und Leistungsfähigkeit der Deutschen und der sozialen Marktwirtschaft zuzuordnen, sondern auch den Vorzügen einer geopolitischen Sondersituation zuzuschreiben.

Günter Grass beschreibt in der Wochenzeitschrift *Die Zeit* vom 4. Mai 2005 die Herausforderung, die sich für Deutschland aus dem Fall der Mauer ergeben hat.[13] Er sieht den Bundesbürger schutzlos einem Diktat der Ökonomie ausgesetzt und hält Politik und Staat nicht so sehr von Rechts- oder Linksradikalismus bedroht, sondern von »der Ohnmacht der Politik gegenüber einer globalen Wirtschaft«. In derselben Ausgabe schreibt der amerikanische Philosoph Charles Taylor einen Artikel mit der provokativen Überschrift »Kapitalismus ist unser faustischer Pakt«.[14] Taylor zitiert Karl Marx, der schon 1840 die entscheidende Einsicht gehabt habe, dass der Kapitalismus die innovativste und kreativste Wirtschaftsordnung der Menschheitsgeschichte sei und zugleich die zerstörerischste. Taylor beschreibt exzellent unser ambivalentes Verhältnis zur globalen Ökonomie: »Ohne den Kapitalismus können wir nicht leben, aber mit ihm können wir es kaum aushalten.« Denn marktförmige Beziehungen durchdringen unsere Gesellschaft auf vielen Ebenen. Wer wollte schon auf die billigen Fernsehgeräte aus China verzichten, was wäre jede Schnäppchenjagd ohne die Billigproduktionen aus Indien oder Taiwan? Wer kann sich noch Designerkleidung »Made in Germany« leisten?

Wir müssen also lernen, mit dieser janusköpfigen Erscheinung des globalisierten Kapitalismus zu leben und unseren eigenen Weg zu finden. Denn der Staat, die Institutionen, die alten hierarchischen Strukturen geben uns immer weniger Orientierung und Sicherheit.

Der amerikanische Soziologe Richard Sennett beschreibt in seinem Buch *Der flexible Mensch* sehr anschaulich, wie dramatisch sich Unternehmen, Behörden und andere Institutionen in den letzten Jahrzehnten verändert haben.[15] Ihre Aufgaben und inneren Strukturen sind nicht mehr klar, unverrückbar und berechenbar definiert. Das Wesen der großen Unternehmen wird immer undeutlicher »durch die beständige Ablehnung jeder Routine, durch die Betonung kurzfristiger Aktivitäten und durch die Schaffung amorpher, hochkomplexer Netzwerke anstelle straff organisierter Bürokratie«. In flexiblen Organisationen ist nichts mehr beständig. Der Chef einer nationalen Marketingabteilung in einem internationalen Konzern wird spätestens alle drei Jahre durch einen Kollegen aus einem anderen Land ausgetauscht. Persönliche Bindungen, kulturelle Unterschiede und die Zeit, die wir benötigen, damit Arbeitsteams stabil zusammenwachsen können, werden im modernen Unternehmen nicht respektiert. Sennett spricht von einer Deregulation von Zeit und Raum.

Vor allem berücksichtigen die neuen »flexiblen Organisationen« gegenüber den alten hierarchisch strukturierten Unternehmen nicht mehr, dass ein Mitarbeiter seine Stellung und Anerkennung auf der Grundlage von Erfahrung und Loyalität erwirbt. Entsprechend dieser Veränderung weist auch der »flexible Arbeitnehmer« neue Eigenschaften auf. Die Barfrau Rose berichtete in Sennetts Buch über ihren Ausflug in die Werbebranche. »Die wirklich Erfolgreichen schienen die zu sein, die sich am geschicktesten von Fehlschlägen distanzieren und anderen die Verantwortung zuschieben.« Was Rose verblüffte, war die Tatsache, dass selbst viele Fehlschläge und Verlustrechnungen eines Mitarbeiters für die Firmenleitung weniger zu zählen schienen als seine Kontakte und Kommunikationsfähigkeit.

Für Rose erbrachte dies die unerwartete Erkenntnis, dass ihre Leistung gar nicht das entscheidende Kriterium für ihre Beurteilung durch die Unternehmensführung war. Der Arbeitnehmer kann sich heute nicht mehr auf ein klares Ordnungssystem seiner Leistungsbeurteilung einstellen. Auch ein profitables Werk kann geschlossen werden, wenn es irgendwo auf der Welt eine noch günstigere Möglichkeit der Produktion gibt. Die Leistungsbeurteilung des Einzelnen erfolgt damit direkt durch den Markt. Durch ständige Reorganisationen muss ein Arbeitnehmer außerdem jederzeit damit rechnen, mit neuen Aufgaben und Arbeitskollegen konfrontiert zu werden. Persönliche Beziehungen spielen in flexiblen Organisationen eine geringere Rolle. Unsere Anerkennung erfolgt durch den Markt und nicht persönlich.

Einleitung

Gleichzeitig bietet die moderne Welt jedem Einzelnen so viele Möglichkeiten wie nie zuvor. Nie konnte man zwischen so vielen beruflichen Perspektiven wählen wie heute. Nie war es so leicht, für eine Zeit im Ausland zu arbeiten, die eigene Idee zur Geschäftsidee zu machen oder als Quereinsteiger ein neues berufliches Terrain zu erkunden. Moderne Unternehmen fördern die Talente ihrer Mitarbeiter, legen Wert auf ihr Engagement und ihre Kreativität. Dies stellt unzweifelhaft einen Fortschritt im Vergleich zur früheren hierarchisch organisierten Arbeitswelt dar. Trotzdem scheint diese »neue Freiheit« vielen Menschen eher Angst zu bereiten, als für sie nützlich zu sein. Und den meisten ist noch nicht einmal klar geworden, was mit ihnen passiert, wie die Mechanismen der modernen Arbeitswelt ihr Leben, Denken und Handeln beeinflussen und verändern – was sie erschöpft und im schlimmsten Fall seelisch krank macht.

Wie können wir also verstehen, was mit uns seit einigen Jahren im Job geschieht? Und wie kann jeder Einzelne in dieser veränderten Arbeitswelt und unter diesen undurchsichtigen, sich oft widersprechenden Anforderungen seine seelische Gesundheit erhalten? Wie kann man im Idealfall sogar die Freiheit und Flexibilität der modernen Arbeitswelt zu seinem Besten nutzen – statt sich in der Vielzahl der Möglichkeiten und Anforderungen zu verausgaben? Was brauchen wir, um seelisch in Balance zu bleiben? Und wie können Unternehmen trotz der globalisierten Wirtschaft etwas für die seelische Gesundheit ihrer Mitarbeiter tun?

Natürlich gibt es auf all diese Fragen keine endgültigen Antworten. Aber wir hoffen, dass wir mit diesem Buch jedem Leser einige Anregungen geben, wie seine ganz persönliche Antwort auf diese Fragen aussehen könnte.

Im Kapitel 1 möchten wir zeigen, wie Erschöpfungsreaktionen bis hin zur Depression zum Arbeitsunfall der Moderne wurden. In Kapitel 2 lesen Sie, wie sich Individualisierung und

Einleitung

Globalisierung in der heutigen Welt durchdringen und gegenseitig beeinflussen und vor welche Herausforderung uns diese Entwicklung stellt. In Kapitel 3 werden wir beleuchten, wie Stress überhaupt auf den Menschen wirkt – und warum die Menschen ganz unterschiedlich auf Stress reagieren. In Kapitel 4 zeigen wir am Modell der Erschöpfungsspirale, wie die heutigen Arbeitsbedingungen unsere seelische und körperliche Gesundheit gefährden – und uns im schlimmsten Falle bis in die Depression treiben. In Kapitel 5 wollen wir an einigen persönlichen Berichten zeigen, wie es gelingen kann, die Balance zu halten zwischen unseren persönlichen Bedürfnissen, Wünschen und Lebenszielen und den Anforderungen einer globalisierten Wirtschaft und Arbeitswelt. In Kapitel 6 untersuchen wir, was Unternehmen für die seelische Gesundheit ihrer Mitarbeiter tun sollten – oder bereits erfolgreich tun.

In Exkursen erfahren Sie, was eine Erschöpfungsdepression aus medizinischer Sicht ist – und was Menschen tun können, die bereits an einer Erschöpfungskrankheit leiden. Außerdem haben wir für Sie zusammengestellt, welche Stresstypen es gibt, warum manche Menschen Stress besser als andere verkraften und warum auch Steinzeitmenschen schon Stress und Depressionen kannten.

Kapitel 1

Die Depression als Arbeitsunfall der Moderne

Mit dem Titel »Why business is bad for your health« überschreibt das angesehene Wissenschaftsmagazin *The Lancet* im April 2004 sein Editorial.[1] In derselben Ausgabe berichten schwedische Forscher,[2] dass in Unternehmen, die in kurzer Zeit stark expandieren und deshalb viele neue Mitarbeiter einstellen und die im Rahmen von Umstrukturierungen Aufgaben neu verteilen, auffällig viele Beschäftigte für lange Zeit krank werden. Meist handelt es sich dabei um psychische Erkrankungen wie Erschöpfungszustände und Depressionen.

The Lancet nimmt mit den Forschungsergebnissen der Schweden eine Diskussion auf, die in den letzten Jahren immer mehr an Fahrt gewinnt: Macht uns die moderne Arbeitswelt psychisch krank? Und wenn ja, was genau macht uns krank?

Viele internationale Studien zeigen inzwischen, dass immer mehr Arbeitnehmer an psychischen Problemen leiden, sogar manifeste psychische Krankheiten wie Depressionen oder Angststörungen entwickeln und deshalb zum Teil monatelang arbeitsunfähig sind. Stress im Job – und seine verschiedenen Ursachen – werden als Hauptauslöser für diese Entwicklung diskutiert.[3]

Faktoren, die unsere Seele am Arbeitsplatz unter Druck bringen

Schon lange ist bekannt, dass eine hohe Arbeitslast, kombiniert mit einem geringen Entscheidungsspielraum und wenig Möglichkeiten, seine persönlichen Fähigkeiten einzusetzen, extrem belastend für Körper und Psyche ist. Dr. Robert Karasek, Spezialist für psychosoziale Arbeitsaspekte, entwickelte gemeinsam mit dem schwedischen Stressforscher Tores Theorell bereits in den 80er-Jahren das Anforderungs-Kontroll-Modell (Demand Control Modell).[4]

Dabei ist dieser Zusammenhang nicht auf bestimmte Branchen beschränkt. Natürlich sind Fließbandarbeiter, die immer dieselbe Tätigkeit ausüben und noch nicht einmal selbst bestimmen können, wann sie welchen Handgriff tun, stark betroffen. Aber auch ein Sachbearbeiter, der einen Klienten nach dem anderen am Schalter empfangen muss, oder eine Krankenschwester, die bei jedem Klingeln eines Patienten loslaufen muss, oder der Angestellte im mittleren Management, der zwar viel zu organisieren, aber wenig zu entscheiden hat, leidet genau unter diesem Stress. Häufig trifft man diese Kombination von hoher Arbeitsbelastung und niedrigem Handlungs- oder Entscheidungsspielraum in stark hierarchisch strukturierten Unternehmen.

Der Hauptstressor ist in diesem Zusammenhang der geringe Handlungs- und Entscheidungsspielraum und nicht in erster Linie die Arbeitsmenge an sich. Wer eine hohe Arbeitslast zu bewältigen hat, dabei aber wichtige Entscheidungen eigenständig trifft und sich selbst einteilen kann, wann er was macht, fühlt sich in der Regel nicht so stark belastet. Im Gegenteil: Hohe Anforderungen im Job können in Kombination mit einem großen Entscheidungsspielraum und vielen Handlungsmöglichkeiten eine Chance für persönliche Entwicklung und angenehme Gefühle der Selbstwirksamkeit sein.[5] Selbstständige erleben ihre Arbeit daher seltener als belastend oder

»stressig«, auch wenn sie häufig sehr viele Wochenstunden arbeiten.[6]

Die Whitehall-Studie II, in der die Gesundheit von 10 000 städtischen Angestellten Londons über Jahre hinweg untersucht wurden, zeigte diese Zusammenhänge besonders deutlich.[7] Interessanterweise wurde im Laufe der Studie auch deutlich, dass Bildung oder sozialer Status in diesem Wechselspiel nur eine untergeordnete Rolle spielen. Wenig Kontroll- und Einflussmöglichkeiten im Job machen die Arbeit subjektiv belastender und können auf Dauer krank machen, ganz gleich, ob es einen Arbeiter oder einen Akademiker betrifft.

Mangel an Wertschätzung: Die Gratifikationskrise

Johannes Siegrist, Professor für Medizinsoziologie an der Universität Düsseldorf, stieß in den 90er-Jahren auf einen zweiten wichtigen Faktor, der im Arbeitsleben über Krankheit oder Gesundheit entscheidet: das Gefühl, angemessen entlohnt und wertgeschätzt zu werden. Aufgrund eigener Studien und der vergleichenden Auswertung von über 30 internationalen (Langzeit-)Untersuchungen über psychosoziale Belastungen in der Arbeitswelt und ihre Folgen für die Gesundheit konnte Siegrist nachweisen, dass Beschäftigte, die sich nicht ausreichend entlohnt und wertgeschätzt fühlen, im Vergleich zu anderen Beschäftigten ein doppelt so hohes Risiko haben, einen Herzinfarkt zu erleiden oder an einer Depression zu erkranken.[8] Dabei umschließt der Begriff Entlohnung (oder Gratifikation, wie Siegrist es nennt) sehr viel mehr als das Gehalt, das jemand für seine Arbeit bekommt. Die Möglichkeiten der persönlichen Entwicklung im Job und die zwischenmenschliche Anerkennung (inklusive Arbeitsplatzsicherheit) sind ebenso wichtige Parameter.

In Bezug auf die Gesundheit wiegen die »weichen« Faktoren sogar schwerer als das Geld in der Lohntüte. Siegrist spricht von einer »Gratifikationskrise« (effort-reward imbalance), wenn sich Menschen in ihrem Arbeitsumfeld nicht angemessen bezahlt fühlen und menschliche Anerkennung oder die Möglichkeiten zu ihrer Weiterentwicklung vermissen.[9] Dabei konnte Siegrist durch seine umfassenden internationalen Untersuchungen zeigen, dass etwa ein Drittel der erwerbstätigen Bevölkerung derzeit unter solch einer »Gratifikationskrise« leidet, sich also nicht ausreichend wertgeschätzt und entlohnt fühlt, um den Arbeitsplatz fürchtet, keine Aufstiegschancen hat oder sich (extrem) unterbezahlt fühlt. Der Trend ist international. Egal, ob in Schweden, Deutschland oder England – Siegrist fand überall ähnliche Zusammenhänge zwischen mangelnder Wertschätzung und erhöhtem Krankheitsrisiko. Ein Drittel der Beschäftigten lebt also mit der akuten Gefahr, auf Dauer an einem Herzinfarkt oder einer Depression zu erkranken.

Das Gefühl mangelnder Wertschätzung wird dabei umso gravierender für die Gesundheit, je mehr der genannten Faktoren zusammenkommen: Wer wenig verdient und keine Aufstiegsmöglichkeiten hat, leidet stärker als jemand, der wenig verdient, sich im Job aber entwickeln kann. Besonders belastet sind dabei Menschen mit einem niedrigen Ausbildungsniveau, insbesondere wenn sie auf relativ isolierten Arbeitsplätzen arbeiten. Wer jetzt sofort an monotone Fließbandarbeit denkt, der irrt. Auch Callcenter-Agenten, Tele-Arbeiter oder Busfahrer arbeiten unter solchen Arbeitsbedingungen – und damit häufig auf sehr ungesunden Arbeitsplätzen. Immer mehr Jobs der modernen Dienstleistungsgesellschaft entsprechen diesem Profil.

Letztlich kann sogar jeder in eine Gratifikationskrise rutschen. Denn auch wenn heute das Gleichgewicht im Job stimmt, kann es morgen aus der Balance geraten. Eine Umstrukturierung kann einem Arbeitnehmer zu viele neue Aufgaben aufbürden, denen er sich nicht gewachsen fühlt, und ihn in neue Arbeitsteams bringen, die ihm nicht vertraut sind.

Mangel an Wertschätzung: Die Gratifikationskrise

Rasch wechselnde Vorgesetzte lassen in ihm das Gefühl aufkommen, dass keiner der Chefs mehr seine Leistungen und Anstrengungen angemessen oder richtig beurteilen kann und er immer wieder von vorn anfängt. Und was nützt alle Anstrengung, wenn plötzlich die Meldung im Unternehmen kursiert, dass Stellen abgebaut werden?

Die Angst um den Arbeitsplatz wiegt dabei so schwer, dass schon die Sorge darum – auch wenn es einen noch gar nicht direkt betrifft – große Auswirkungen hat. In einem Industriebetrieb beispielsweise begleitete die Forschungsgruppe um den finnischen Psychologieprofessor Mika Kivimäki 821 Angestellte eines Industriebetriebes über 25 Jahre hinweg.[10] So konnten die Forscher unter anderem direkt verfolgen, wie sich die Nachricht von geplanten Entlassungen unmittelbar negativ auf die Gesundheit der Beschäftigten auswirkt: Die Belegschaft der Firma erfuhr, dass innerhalb eines Jahres 15 Prozent der Belegschaft entlassen werden sollten. Und obwohl zu diesem Zeitpunkt nicht klar war, welche Arbeiter die Entlassung treffen würde, stiegen bei den Arbeitern die Blutfettwerte rapide an – ein Zeichen für Stress und eine Gefahr für das Herz. »Arbeitsplatzunsicherheit wirkt sich direkt auf körperliche und seelische Prozesse aus, zum Beispiel über Stresshormone oder das Immunsystem«, erklärt Siegrist in der Fachzeitschrift *Die Personalführung*.[11]

Vor diesem Hintergrund überraschen zunächst die Ergebnisse der schwedischen Forschungsgruppe um Hugo Westerlund.[12] Sie untersuchte Unternehmen, die rasch expandierten und neue Mitarbeiter einstellten – statt sie zu entlassen. Und in einem schnell wachsenden Unternehmen, das offensichtlich erfolgreich ist, neue Beschäftigte einstellt und damit sichere Arbeitsplätze bietet, hätte niemand eine besondere Belastung der Mitarbeiter vermutet.

Offensichtlich hatte man sich geirrt. Tatsächlich belasten Beschäftigte nicht nur negative Umstrukturierungen im Unternehmen, die Entlassungen oder Lohnkürzungen zur Folge haben, sondern auch positive Umstrukturierungen, die dazu führen, dass Mitarbeiter eingestellt werden, dass das Unternehmen wächst. Westerlund und seine Kollegen vermuten, dass in der Folge der Umstrukturierung vor allem der Zerfall der unterstützenden Strukturen und Netzwerke im Unternehmen, aber auch die Mehrarbeit, die durch die schnelle Expansion auf viele Beschäftigte zukam, starke Stressoren und Auslöser für den rapide steigenden Krankenstand waren. Anscheinend kann jede Umstrukturierung für die Beschäftigten zu einer Belastungsprobe werden. Denn ganz gleich, ob wegen Expansion oder Verschlankung umstrukturiert wird, jedes Mal müssen sich die Arbeitnehmer von vertrauten Kollegen und Aufgaben verabschieden, ihre Arbeit neu organisieren und sich in ein neues Netz aus Kollegen und Vorgesetzten einfügen. Und wenn wiederholt und schnell umstrukturiert wird, dann bedeutet das im Arbeitsalltag des Einzelnen Dauerstress. Und der macht krank.

Dabei ist diese Situation heute eher das Übliche als die Ausnahme. Unternehmen verändern fast täglich ihren Kurs und ihre Struktur. Heute wird eine Abteilung mit einer anderen zusammengelegt, eine Hierarchiestufe abgebaut, neue Aufgaben werden implementiert, neue Kollegen eingestellt. Morgen entschließt sich die Unternehmensleitung vielleicht dazu, Mitarbeiter zu versetzen oder zu entlassen. Vielleicht wird sogar die ganze Abteilung ausgegliedert oder es kommt zur Fusion mit einem anderen Unternehmen.

Vom Mitarbeiter wird ganz selbstverständlich verlangt, dass er auf all diese Veränderungen kooperativ reagiert, dass er flexibel, schnell, mobil und selbstständig ist. Dass er seine Arbeit auch in turbulenten Zeiten schnell und mit gleicher Qualität erledigt. Alles ist immer im Fluss. Die globalisierten Märkte geben das Fließtempo vor. Und der Beschäftigte versucht mitzuschwimmen, so gut er kann. So mancher geht dabei unter.

Eine Kostenexplosion

Allein in den USA schätzt man die Kosten, die durch depressive Erkrankungen entstehen, auf 81,1 Milliarden Dollar, berichtete der Harvard-Professor Alan M. Langlieb auf dem Kongress der amerikanischen Psychiatrischen Organisation (American Psychiatric Association) im Juni 2005 in Atlanta.[13] Die Verluste durch Arbeitsunfähigkeit (lost work time) machen dabei mit 33 Milliarden Dollar über ein Drittel der Kosten pro Jahr aus. Denn Arbeitnehmer, die unter Depressionen leiden, sind mit fast 29 Tagen zweieinhalbmal so lang arbeitsunfähig wie Arbeitnehmer mit anderen Krankheiten (11,5 Tage). Sogar die bekanntermaßen langwierigen Rückenerkrankungen dauern im Schnitt »nur« 11,5 Tage. Erkältungen im Schnitt 6,4 Tage.

In Deutschland schätzt man die Kosten der psychischen Arbeitsausfälle derzeit auf mindestens 24,5 Milliarden Euro.[14] Will man jedoch den gesamten marktwirtschaftlichen Schaden berechnen, der durch Ängste und Depressionen bei Arbeitnehmern in Deutschland entsteht, so muss man mit 100 Milliarden Euro rechnen, erklärt der Soziologe und Angstforscher Winfried Panse.[15]

Denn nicht nur der Ausfall durch Arbeitsunfähigkeit kostet Geld. An Depressionen erkrankte Arbeitnehmer sind auch während ihrer Arbeitszeit zeitweise weniger produktiv als andere Arbeitnehmer, erklärt Langlieb. Ihr Zeitmanagement, ihre soziale Beziehungsfähigkeit und ihre kognitive Leistungsfähigkeit sind zu Beginn der Wiedereingliederung um den Faktor sieben schlechter. Durch die Depression ist ihre gesamte Leistungsfähigkeit um 5,6 Stunden pro Woche geringer als bei gesunden Mitarbeitern. Alle Faktoren zusammen haben für die Produktivität eines Unternehmens enorme Auswirkungen.

Hinzu kommt die Belastung der Kollegen der depressiv erkrankten Mitarbeiter. Ihre Abwesenheit und ihre geringere Leistung während ihrer Rekonvaleszenz müssen in der Regel durch die Kollegen kompensiert werden. Das bedeutet Mehrarbeit und mehr Belastung für die gesunden Mitarbeiter und führt letztlich auch bei ihnen zu einer schlechteren Arbeitsmoral und zu einem Motivationsknick. Im schlimmsten Falle werden die gesunden Mitarbeiter durch die ständige Mehrbelastung selbst krank: eine sich selbst beschleunigende Spirale, deren Endpunkt ein hoher Krankenstand – kombiniert mit schlechtem Arbeitsklima und geringer Produktivität – ist.

Auf dem Kongress der American Psychiatric Association wurde angesichts der beunruhigenden Zahlen deshalb erstmals eine Veranstaltung mit dem Titel »Psychische Gesundheitsförderung im Betrieb« (»Mental health care in the work place«) angeboten und die Bedeutung von Depressionen, Angststörungen und Suchterkrankungen im Zusammenhang mit der Arbeitswelt vorgestellt. Am Ende seines Vortrages fragte Professor Langlieb, warum angesichts dieser Fakten und Zahlen die Unternehmen bisher nicht erkannt haben, wie bedeutend es für sie sein kann, in die Prävention von arbeitsplatzbedingten Depressionen, in die qualifizierte Behandlung von depressiv erkrankten Mitarbeitern und in die Wiedereingliederung der Betroffenen am Arbeitsplatz zu investieren.

Das Thema scheint umso brisanter, als Untersuchungen zeigen, dass gerade die Menschen besonders gefährdet sind, an einer Depression zu erkranken, die in gesunden Zeiten oft sehr leistungsstark, verantwortungsbewusst, loyal und ehrgeizig sind. Sie haben häufig einen Hang zu Perfektionismus und ein hohes Kontrollbedürfnis – in der Regel alles Eigenschaften, die einen guten Mitarbeiter auszeichnen.[16]

Selbst in den USA erkennen zunehmend große Unternehmen diese Zusammenhänge und rücken deshalb von der Politik des »Hire and Fire« ab, die keinen Platz für Mitarbeiter mit gesundheitlichen Problemen lässt. Denn gerade Mitarbeiter, die sich erschöpfen, sind aufgrund ihrer Eigenschaften oft nur schwer zu ersetzen.

Richtungsweisende Präventionsprogramme

In dieser neuen Wertschätzung der Mitarbeiter ist man in Schweden dem restlichen Europa schon weit voraus. Der Autokonzern Volvo in Göteborg hat in den letzten Jahren ein Programm zur Wiedereingliederung von Mitarbeitern entwickelt, die an einer Depression erkrankt sind, wie etwa der Werksmanager Ake Rutgersson. Er war Vorgesetzter von 300 Mitarbeitern, machte seinen Job gut, aber die Verantwortung wuchs ihm über den Kopf. Sein Job stresste ihn so sehr, dass er Anfang 2000 in eine depressive Krise geriet. Mit Hilfe des Wiedereingliederungsprogramms konnte er jedoch nach der Krankheit wieder bei Volvo einsteigen. Auf eigenen Wunsch arbeitet er heute in einem anderen Aufgabenbereich mit etwas weniger Verantwortung – und demselben Gehalt.

Der schwedische Autokonzern Volvo hat erkannt, dass die Abläufe in einem modernen Unternehmen die Beschäftigten anders belasten als vor 30 oder 50 Jahren. Viel Eigenverantwortung, ein großes Arbeitspensum, harte Qualitätskontrollen, knappe Zeitlimits und schnelle Umstellungsfähigkeit – das ist der Druck, der heute fast jeden Beschäftigten im Unternehmen belastet. Klassische Arbeitsunfälle wie Verletzungen, Verbrennungen und Vergiftungen spielen dagegen aufgrund des technischen Fortschritts und der hohen Automatisierung kaum noch eine Rolle.

Volvo hat deshalb neben den klassischen Maßnahmen des Arbeitsschutzes ein ganzes Paket an Präventionsmaßnahmen gegen psychische Erschöpfung und seelische Erkrankungen entwickelt: Jeder Mitarbeiter nimmt an Seminaren zum Thema Burn-out teil. Die Manager werden regelmäßig trainiert, auch auf die psychische Gesundheit ihrer Mitarbeiter zu achten, und sie werden im Umgang mit psychisch erkrankten Mitarbeitern geschult. »Es ist bei uns in Ordnung, mit und über Mitarbeiter zu sprechen, die einen Burn-out hatten –

und wie man dies vermeiden könnte«, erzählt Volvo-Personalleiter Kenth Berendtsson dem Reporter der TV-Sendung *Report*, die das Präventionsprogramm von Volvo in einer Sendung am 23.6.2003 vorstellte. Das Bewusstsein für den Zusammenhang von Stress und Erschöpfung sei in seinem Unternehmen groß – auch bei den Topmanagern, sagt Berendtsson. Ohne die Unterstützung vom Top-Management wären solche Wege auch nicht denkbar. Der Volvo-Personalleiter unterstreicht, wie wichtig eine Betriebskultur ist, die die Belastungen in der modernen Arbeitsgesellschaft klar erkennt und benennt und die psychische Erkrankungen nicht ausschließt und weiter stigmatisiert, sondern wie einen Arbeitsunfall behandelt.

Dass es auch aus wirtschaftlicher Sicht die richtige Richtung ist, psychisch erkrankten Mitarbeitern zu helfen und psychische Gesundheit auch für gesunde Mitarbeiter auf die Agenda der betrieblichen Gesundheitsförderung zu setzen, hat Marie Asberg vom Karolinska-Institut in Stockholm am Beispiel mehrerer Unternehmen ausgerechnet: »Die Investition zahlt sich in vier Monaten aus«, erzählt die Forscherin in der bereits genannten TV-Sendung und ist selbst etwas überrascht über die schnelle Amortisationszeit der Investitionen in psychische Gesundheit am Arbeitsplatz.

Gefährliche Entwicklungen

Von solchen Maßnahmen können deutsche Beschäftigte bisher nur träumen. Wer psychische Probleme hat, dessen Job ist in Gefahr. Wer psychisch nicht mit dem Druck in seinem Job zurechtkommt, wer überfordert ist und sich nicht abgrenzen kann oder sich zwischen Zuständigkeiten zerreibt, hat Pech gehabt. »Ich habe Stress« ist in vielen Unternehmen nur ein geflügeltes Wort und bedeutet so viel wie: »Ich tue was und bin wichtig.« In vielen Firmen werden Überstunden mit Leistung verwechselt und wer wirklich sagt: »Das schaffe ich nicht«, gilt als unwillig oder unfähig.

Dabei weisen auch in Deutschland immer mehr Studien und Umfragen darauf hin, dass die Zunahme der psychischen Belastungen im Job und die daraus folgenden psychischen Erkrankungen der Arbeitnehmer für die Unternehmen zum gravierenden Problem werden. 55 Prozent der Arbeitsschutzexperten, die der Hauptverband der gewerblichen Berufsgenossenschaften (HVBG) und die Betriebskrankenkassen (BKK) im Jahr 2004 zu diesem Thema befragten, stimmten der Aussage zu, dass die psychischen Störungen bei den Beschäftigten »dramatisch zunehmen«.[17]

Viele Beschäftigte merken selbst, dass ihre Arbeit sie über alle Maßen stresst. Aber weil sie oftmals selbst nicht wissen, wie sie das ändern sollten, halten sie so lange durch, wie es nur eben geht. Und erst, wenn sie gar nicht mehr weiterwissen, körperliche Beschwerden und psychische Symptome wie Ängste, Schlafprobleme oder ein grundlegendes Erschöpfungsgefühl entwickeln, wenden sie sich an ihren Betriebsarzt. Inzwischen entfallen 18 Prozent der Arbeitszeit von Betriebsärzten auf »psychosoziale Aspekte«, fand eine Befragung der Universität Wuppertal für die Bundesanstalt für Arbeitsschutz und Arbeitsmedizin im Jahr 2003 heraus.[18] War früher das Thema Sucht das größte Sorgenkind der Betriebsärzte, so sind sie heute immer öfter gefragt, sich um die Seelennot der Beschäftigten zu kümmern. Die Ursachen für die Probleme, von denen die Arbeitnehmer den Betriebsärzten berichten, sind vor allem Überlastung, Zeitnot, Arbeitsplatzunsicherheit, Kommunikationsprobleme und Konflikte mit Vorgesetzten. Der Betriebsarzt sieht sich – so wie der Hausarzt schon immer – mehr und mehr mit den psychosozialen Problemen der Mitarbeiter konfrontiert. Ihm kommt dabei eine wichtige Rolle zu. Natürlich kann er keinen Psychiater oder Psychotherapeuten ersetzen, aber er kann dem Beschäftigten den Rücken stärken, mit ihm die besonderen Bedingungen seines Arbeitsplatzes untersuchen, ihn nach zusätzlichen familiären Problemen fragen und ihn in der Wahrnehmung bestärken, dass Erschöpfung nicht gleich Versagen bedeutet, sondern dass ein offener Umgang mit Burn-out oder Depression das Beste ist. Bei Bedarf kann er einen Therapeuten vermitteln, ein Coaching veranlassen oder zumindest Anregungen zum Umgang mit Stress oder Konflikten geben. So mancher Betriebsarzt hat aufgrund der starken Nachfrage inzwischen eine Weiterbildung zum Gesprächstherapeuten gemacht.

Dass die Arbeitsunfähigkeit wegen psychischer Erkrankungen in der gesamten erwerbstätigen Bevölkerung Deutschlands kontinuierlich zunimmt, zeigt der DAK-Gesundheitsreport seit einigen Jahren eindrücklich. Besonders stark zeigt sich diese Entwicklung aber bei den jüngeren Beschäftigten: Von den 20- bis 35-Jährigen erkranken inzwischen doppelt so viele Beschäftigte an psychischen Krankheiten wie noch 1997. Anscheinend schlagen Druck und unsichere Arbeitsverhältnisse gerade den Jungen und Berufsanfängern aufs Gemüt. 25-Jährige brechen häufig also schon am Anfang ihrer beruflichen Karriere unter dem Druck der modernen Arbeitswelt zusammen.[19]

Inzwischen liegen die psychischen Erkrankungen auf Platz vier der wichtigsten Krankheitsarten – direkt nach den Muskel-Skelett-Erkrankungen, den Erkrankungen der Atemwege und den Verletzungen. Jeder zehnte Krankheitstag von Arbeitnehmern wird durch psychische Probleme verursacht. Auffällig ist dabei nicht nur die Häufigkeit, sondern auch die lange Zeit, die Menschen mit psychischen Problemen im Job ausfallen: Betroffene fehlen im Schnitt fast 30 Tage. Die bedeutendste psychische Störung ist dabei die Depression, berichtet der DAK-Gesundheitsreport 2005. Angststörungen sind im Gegensatz zur Depression zwar auch häufig, haben aber keine vergleichbar große Auswirkung auf die Arbeitsunfähigkeit.

Für die Frühberentung spielen Depressionen sogar eine noch größere Rolle: Psychische Erkrankungen sind der wichtigste Grund für eine Frühberentung. Nach der Rentenzugangsstatistik des Verbands Deutscher Rentenversicherungsträger (VDR) sind fast ein Drittel (31 Prozent) aller Frühberentungen 2004 auf psychische Erkrankungen zurückzuführen. Die Depression steht dabei an erster Stelle. Erst danach folgen die Erkrankungen des Muskel-Skelett-Systems, Tumorerkrankungen und Herz-Kreislauf-Erkrankungen.[20]

»Psychische Belastungen spielen vor körperlichen und Umwelt-Belastungen mittlerweile die wichtigste Rolle unter den arbeitsbedingten gesundheitlichen Gefährdungen«, stellt Alfred Oppholzer, Experte für Arbeits- und Gesundheitsschutz an der Hochschule für Wirtschaft und Politik der Universität Hamburg, auf einer Konferenz des »Bündnisses gegen Depression« im Oktober 2005 fest.[21] Und spricht damit stellvertretend für viele Kollegen. »Es sind nicht mehr die Maschinen, die zusammenbrechen, sondern die Menschen«, konstatierte der internationale Metallgewerkschaftsbund bereits 2001.[22] Die Depression ist zum Arbeitsunfall der Moderne geworden.

Und der Trend wird anhalten: Laut der WHO-Studie »Global burden of disease« wird die Depression in den Ländern mit hohem Einkommen sowohl im Jahre 2015 wie 2030 an erster Stelle der Erkrankungen stehen.[23] Der Bundesgesundheits-Survey aus dem Jahre 1998 zeigt, dass rund 20 Prozent der Bundesbürger einmal in ihrem Leben an einer Depression erkranken.[24] Und der Zeitpunkt der depressiven Erkrankung liegt bei 50 Prozent der Patienten vor dem 32. Lebensjahr, wie neueste amerikanische Studien zeigen.[25] Dass die moderne Arbeitswelt und ihre Ansprüche an die Arbeitnehmer bei dieser Entwicklung eine große Rolle spielen, darüber sind sich die Experten aus ganz verschiedenen Disziplinen inzwischen einig.

Neben allen wissenschaftlichen Studien und Beobachtungen bleibt die Frage, wie es zu dieser Entwicklung kommen konnte. Schließlich war die Arbeitswelt früher ja auch kein Freizeitpark. Noch vor 40 Jahren, in den 60er-Jahren des letzten Jahrhunderts, arbeiteten die Menschen in Deutschland durchschnittlich mehr als 45 Stunden pro Woche. Monotone Fließbandarbeit und körperlich anstrengende Tätigkeiten bestimmten den Alltag der meisten Arbeiter – und damit eines Großteils der erwerbstätigen Bevölkerung. In vielen Jobs waren tödliche Arbeitsunfälle nicht selten. Bergmänner und Industriearbeiter mussten mit Verletzungen und körperlichen Krankheiten rechnen. Kreative Berufe waren ebenso rar wie Arbeit ohne nennenswerte körperliche Anstrengung. Ein großes Maß an Selbstständigkeit oder Entscheidungsfreiheit im Arbeitsleben hatten letztlich nur wenige Führungskräfte und Unternehmer. Selbstverwirklichung im Job war für die meisten ein Fremdwort.

Heute gehört für viele Kreativität und die persönliche Entwicklung ganz selbstverständlich zum Job dazu. Es ist normal, dass wir unsere Tätigkeit selbstverantwortlich und selbstständig organisieren, Entscheidungen treffen und eigene Ideen einbringen. Die Hierarchien sind flacher, die Mitbestimmung ist größer. Wir haben mehr Freizeit als unsere Eltern, flexiblere Arbeitszeiten, mehr Auswahl in der Ausbildung und verdienen häufig auch mehr Geld. Trotzdem sind die Arbeiter von damals der Meinung, dass es ihnen besser ging als ihren Kindern heute. Warum? »Ich hatte weniger Stress, weniger Druck und weniger unangenehme Entscheidungen zu treffen«, zitiert der *Stern* im Frühjahr 2006 einen längst pensionierten Arbeiter einer Ziegelei in einem Artikel über die Geschichte des Kapitalismus.[26]

Könnte es sein, dass gerade unser Wunsch nach Selbstbestimmung und Selbstverwirklichung und unsere Suche nach einem Job mit möglichst viel Entscheidungsfreiheit und Eigenverantwortung uns anfällig machen für seelische Erschöpfung?

Exkurs 1

Was ist eine Depression?

Die Feststellung, die Arbeitswelt sei psychisch anstrengender geworden, und die gesundheitsökonomischen Kosten von »Erschöpfungskrankheiten« und Depressionen können natürlich nur abstrakt und unvollständig das schwere subjektive Leiden der Betroffenen und ihrer Familien aufzeigen. »Während einer schweren körperlichen Erkrankung wollte ich Hilfe und hatte Hoffnung, während ich in der Depression nur mehr sterben wollte«, beschreibt eine Frau, die eine Depression durchlebte, ihre Krankheit. Auf der Grundlage epidemiologischer Studien leiden derzeit fünf Prozent der Bevölkerung an behandlungsbedürftigen Depressionen.[1] Das sind in Deutschland heute etwa vier Millionen Menschen.

Obwohl Depressionen also keine seltene Krankheit sind, sprechen viele depressiv Erkrankte und ihre Familien oder Freunde kaum über ihre Probleme oder verstecken sich hinter vagen Umschreibungen ihrer Krankheit wie »Kreislaufzusammenbruch«. Immer noch sind psychische Erkrankungen mit einem Stigma belegt, und diese Tatsache ändert sich nur sehr langsam, obwohl über das Thema psychische Erkrankungen immer mehr berichtet und informiert wird.

Gerade in den Medien ist das Thema Depression seit einiger Zeit sehr präsent. Jede Zeitschrift bringt Fallbeispiele von Menschen mit Depressionen. In Büchern und im Internet finden Betroffene und Angehörige kompetente und umfassende Informationen über die Erkrankung Depression.[2]

Patienten, die an einer Depression erkrankt sind, sei deshalb geraten, möglichst offen darüber in Familie, Freundeskreis und am Arbeitsplatz mit vertrauten Arbeitskollegen und dem Vorgesetzten zu sprechen. Das ist sicher nicht einfach, denn die Krankheit Depression wird ja auch vom Erkrankten selbst oft als Versagen oder Schuld erlebt. Auch Vorurteile bei den anderen gibt es noch genug. Doch inzwischen setzt sich immer mehr die Erkenntnis durch, dass eine Depression jeden Menschen treffen kann, auch erfolgreiche und starke. Und wer einen Menschen kennt, der lange im Geheimen an Depressionen litt, weiß, wie schrecklich sich Geheimhaltung und Vertuschung der Beschwerden auswirken können.

Um einen offenen Dialog möglich zu machen, ist es allerdings wichtig, über die Symptome der Depression, ihre Entstehungsbedingungen und die Behandlungsmöglichkeiten Bescheid zu wissen. Auch am Arbeitsplatz. Denn nur so kann diese offenere Kultur im Umgang mit Stress, Erschöpfung und Depression erreicht werden, die in Kapitel 1 der Personalleiter des Autokonzerns Volvo fordert.

Ein offener Umgang mit dem Thema erleichtert auch die Rückkehr an den Arbeitsplatz und ist entscheidend für die Vorbeugung eines Rückfalls. Schließlich sind Depressionen gut behandelbar und mindestens 70 Prozent der Betroffenen sind nach einem Jahr wieder gesund.[3]

Neben dem Stigma ist das zweite große Problem der Depressionsbehandlung häufig der Zeitfaktor. Je länger eine Depression dauert und möglicherweise unerkannt und unbehandelt bleibt, desto langwieriger ist die Genesung. Das unterstreicht die Bedeutung der Prävention, gerade auch am Arbeitsplatz, wenn wir davon ausgehen, dass zumindest ein Teil der depressiven Erkrankungen stressbedingt ist.

Wenn noch vor einigen Jahren die Depression als eine Krankheit galt, die vor allem Menschen nach schweren Schicksalsschlägen oder Verlusten befällt und mit besonderen genetischen Veranlagungen oder inneren Konflikten in Zusammenhang gebracht wurde, so weiß man heute, dass auch Dauerstress ein wichtiger Auslöser für Depressionen sein kann. Und da die Arbeitswelt zum Dauerstressor Nummer eins in der modernen Dienstleistungs- und Informationsgesellschaft geworden ist, entwickeln immer mehr Menschen im Zusammenhang mit ihrer Arbeit eine extreme Erschöpfung bis hin zur Depression, wie wir in Kapitel 1 ausführlich beschrieben haben.

Wie macht sich eine Depression bemerkbar?

Depressiv Erkrankte haben einerseits mit Vorurteilen zu kämpfen, andererseits ist der Begriff Depression in aller Munde. Jeder fühlt sich mal »depressiv«, und der Begriff wird umgangssprachlich synonym für Traurigkeit, einen »Durchhänger« oder einfach schlechte Stimmung benutzt. Dies ist falsch. Das Deutsche Bündnis gegen Depression beschreibt als wichtiges Merkmal, dass die Symptome einer Depression nicht nur eine nachvollziehbare und vorübergehende Reaktion auf eine äußere Belastung sind, sondern dass diese Symptome eine überdauernde Stabilität über mehrere Wochen oder Monate zeigen müssen, ohne dass es zu einer Rückbildung und Restabilisierung kommt. Nur dann darf von der Krankheit Depression gesprochen werden. Wenn ich eine Woche lang ein Stimmungstief habe, heißt das also noch lange nicht, dass ich depressiv bin. Was sind aber nun die Symptome einer Depression, wie wird die Krankheit diagnostiziert?

Zunächst einmal ist es für viele Menschen überraschend, dass die Depression auch eine körperliche Erkrankung ist. Körper und Seele sind eng miteinander verbunden und die Depression ist im wahrsten Sinne des Wortes eine psycho- und somatische Krankheit. Beide Ebenen, die körperliche und die seelische, prägen also das Bild der Depression.

Die körperlichen Symptome sind: Appetitverlust, Gewichtsabnahme und Magen-Darm-Beschwerden. Sehr häufig sind Ein- und Durchschlafstörungen oder frühmorgendliches Erwachen, oft in Verbindung mit Grübelgedanken. Weitere Körpersymptome sind vermehrtes Schwitzen und nächtliche Schweißausbrüche, Herzklopfen, Engegefühle im Hals und im Brustkorb sowie Druck im Bauch. Schmerzsymptome wie Kopfschmerzen, Rückenschmerzen oder rheumaähnliche chronische Schmerzen prägen ebenfalls oft die physische Seite der Depression, vorbestehende Schmerzzustände werden in der Depression häufig verstärkt wahrgenommen. Depressiv Erkrankte klagen über schnelle Erschöpfbarkeit, rasche Ermüdung, Kraft- und Energieverlust sowie sexuelle Lustlosigkeit. An der Grenze zwischen den körperlichen und seelischen Aspekten der

Depression liegen die Veränderungen der Motorik und der Tagesrhythmik: Sprache, Mimik und Bewegungsabläufe sind verlangsamt, die Psychiater sprechen von psychomotorischer Hemmung, wobei innerlich durchaus eine quälende Unruhe, oft im Brust- oder Bauchbereich, wahrgenommen wird. Es kann aber auch das Umgekehrte auftreten. In der so genannten agitierten Depression korrespondieren innere und äußere Unruhe und der Betreffende ist motorisch getrieben, läuft umher ohne klare Zielsetzung, oft von schwerer Angst geplagt. Die Veränderung der Tagesrhythmik schließlich drückt sich in einem ausgeprägten Morgentief aus, während die Stimmung gegen Abend besser wird.

Seelisch zeigt sich die Depression dagegen in Niedergeschlagenheit, einem Gefühl von Hoffnungs- und Sinnlosigkeit bis zu einem schwer beschreibbaren Erleben von Gefühllosigkeit. Schwer depressiv erkrankte Menschen fühlen nichts mehr, sie sind innerlich wie erstarrt. Sie sehnen sich danach, wieder weinen oder gar lachen zu können, aber sie erleben sich innerlich wie abgestorben. Gerade hier wird deutlich, dass die Depression nicht vergleichbar mit normalen Trauergefühlen ist. Weitere wichtige psychische Symptome sind Freudlosigkeit und der Verlust des Interesses an Dingen, die einem sonst sehr viel bedeutet haben. Selbstvertrauen und Selbstwertgefühl sind herabgesetzt und Schuldgefühle sind in der Regel immer vorhanden. Sie können sich in der schweren Depression bis zu einem vollständigen Empfinden von Wertlosigkeit steigern. Angstgefühle und eine beständige innere Unruhe werden als quälend erlebt. Suizidale Gedanken treten häufig auf, oft in Verbindung mit Scham- und Schuldgefühlen oder um einfach Ruhe zu haben, dem unerträglichen Zustand der Depression zu entfliehen. Schwer Depressive sehen keine Lösung, sie fühlen sich isoliert von den anderen Menschen, schuldig und als Versager. Je schwerer die Depression, desto realer werden die depressionsbedingten Verzerrungen im Denken und Fühlen wahrgenommen. Dies kann sich im Extremfall sogar bis zu wahnhaften Überzeugungen steigern. Inhaltlich geht es dann meist um vermeintlich schwere Schuld und Bestrafung, um Verlust von Geld und Gut, um eine vermeintlich unheilbare Krankheit.

Tatsächlich sind in der Depression nicht nur Gefühl und Stimmung verändert, sondern auch das Denken. Aufmerksamkeitsprobleme und Konzentrationsstörungen treten ebenso auf wie Gedächtnisprobleme. Die Antriebslosigkeit, die sich im Extremfall bis zur vollständigen Apathie steigern kann, ist ebenfalls ein Hauptsymptom der Depression.

Die schwere Depression führt aus dem Kreis der Menschen (sozialer Rückzug) in eine Art unfreiwillige Isolation. Depressive beschreiben dies wie eine Gummi- oder Milchglaswand, die zwischen ihnen und den anderen in der Depression vorhanden ist.

Für die Diagnose einer Depression ist es wichtig, dass die meisten Menschen zunächst die *körperlichen* Symptome der Depression wahrnehmen. Ein Grund dafür ist, dass wir körperliche Symptome wie Schlafstörungen, Rückenschmerzen oder Kopfschmerzen, körperliche Unruhe oder Appetitlosigkeit als etwas beschreiben können, das uns passiert, was unseren Körper und seine Funktionen verändert. Veränderungen in unserem seelischen Erleben können wir dagegen nicht so leicht bewusst und aus einer distanzierten Beobachterposition wahrnehmen und beschreiben. Vergleichbar ist dieses Phänomen vielleicht mit der Störung in einem Computersystem. Die körperlichen Störungen einer Depression entsprechen dabei den Hardware-Problemen des Computers: zum Beispiel eine defekte Tastatur, ein implodierter Bildschirm. Schäden, die unmittelbar zu sehen sind und das Arbeiten unmöglich machen. Die Störungen der Seele sind dagegen eher vergleichbar mit Software-Problemen, zum Beispiel einem Virus, der unter Umständen lange Zeit im Computer unsichtbar sein zerstörerisches Werk vollbringen kann, bevor man ihn bemerkt.

Tatsächlich ist die Krankheitseinsicht unmittelbar von der Schwere einer Depression abhängig: Je schwerer die Depression, desto weniger bin ich in der Lage, selbst zu erkennen, dass ich depressiv erkrankt bin. Bei schweren Depressionen nehmen die Betroffenen die Symptome der Erkrankung wie Schuldgefühle, Versagenserleben, Hoffnungs- und Perspektivlosigkeit als »bare Münze«, als reale Gegebenheiten. Sie können nicht einmal verstehen, dass andere Menschen eine ganz andere Sicht der Dinge haben. Gerade wegen des stark negativ verzerrten Blicks auf sich und die Welt sollten in der tiefen Depression auch niemals lebenswichtige Entscheidungen wie Kündigung eines Arbeitsverhältnisses oder Trennung vom Partner getroffen werden. Denn am Ende oder nach einer Depression sieht die Welt oft wieder ganz anders aus. Dann kann es allerdings Sinn machen, Entscheidungen für sein Leben zu treffen, um nicht wieder in eine Depression zu rutschen.

Psychiater unterscheiden bei der Diagnose einer Depression zwischen Haupt- und Nebensymptomen. Als Diagnosehilfe dient ihnen die »ICD 10«, ein internationales Diagnose- und Klassifikationssystem für psychische Erkrankungen. Als Hauptsymptome gelten der Verlust von Freude und Interesse, die depressive Stimmungslage und die erhöhte Ermüdbarkeit. Als Nebensymptome für die Diagnose einer Depression beschreibt die ICD 10 Schlafstörungen, verminderte Aufmerksamkeit, Konzentrationsstörungen, Appetitverlust, vermindertes Selbstvertrauen und Selbstwertverlust, Schuldgefühle und ein Gefühl der Wertlosigkeit, negative und pessimistische Zukunftsaussichten und schließlich Suizidgedanken. Wichtig für die Diagnose Depression ist, wie wir bereits oben gesehen haben, dass diese Symptome mindestens zwei Wochen die überwiegende Zeit des Tages und an jedem der Tage vorhanden sein müssen.

Wie unterschiedlich reagieren Männer und Frauen?

Männer und Frauen sind auf unterschiedliche Weise von der Krankheit Depression betroffen. Frauen erkranken laut Statistik generell häufiger an Depressionen als Männer. Epidemiologische Untersuchungen zeigen, dass zwei Drittel aller Betroffenen weiblich sind.[4] Die Depression gilt deshalb noch immer als Frauenkrankheit. Als Ursachen werden Doppelbelastung durch Job und Familie genauso diskutiert wie genetische Dispositionen. Männer galten dagegen bisher als weniger anfällig für depressive Erkrankungen. Doch diese Ansicht ändert sich. »Erst in den letzten Jahren ist deutlich geworden, dass es bei den Symptomen von Depressionen geschlechtsspezifische Ausprägungen gibt«, erklärt Siegfried Kasper, Psychiater an der Uniklinik Wien, in einem *Spiegel*-Artikel[5] über die »Männer-Depression«. Während Frauen unter dem Druck der Depression innerlich erstarren und Antriebslosigkeit, Lustlosigkeit, Niedergeschlagenheit die Lebensfreude lähmen, gehen Männer zum Gegenangriff über: Sie werden aggressiv, neigen zum Risiko – zum Beispiel, indem sie zu schnell Auto fahren oder zu viel Alkohol trinken. Für Männer stehen körperliche Symptome wie Kopfschmerzen, Rückenschmerzen oder Schlafstörungen im Vordergrund und wenn überhaupt, suchen sie mit diesen Beschwerden einen Arzt, keinen Therapeuten oder Psychiater auf. Wenn sich dann keine körperliche Erkrankung als Ursache der Beschwerden finden lässt, ist scheinbar alles in Ordnung.

Aber die Erleichterung währt nur kurz. So wie bei Georg, den wir in der Einleitung kennen gelernt haben. Nachts wälzt er sich schon seit Monaten schlaflos im Bett. Aber immer noch denkt er, dies sei eben der Preis für seine Aufstiegsambitionen im Job. Und auch die anderen Veränderungen an sich machen ihn nicht wirklich nachdenklich, etwa der Black-out in der Sitzung letzte Woche. An sich ist Georg eher ein ruhiger Typ. Aber in dieser Sitzung mit seinem Vorgesetzten und drei Kollegen platzte ihm plötzlich der Kragen. Eigentlich wegen einer Kleinigkeit, einer erneuten Terminverschiebung seines Projektes. Aber es war, als ob das kleine Tröpfchen einfach gefehlt hatte, um das Fass zum Überlaufen zu bringen. Er war aufgesprungen, hatte auf den Tisch gehauen und fast gebrüllt, dass ihm dieses ständige Durchkreuzen seiner Planungen nun reiche. Seine Kollegen schauten verdutzt, der Chef verärgert. Später entschuldigte Georg sich bei seinem Vorgesetzten für den Ausfall. Es sei einfach ein stressiger Tag gewesen. Auf der Heimfahrt von der Arbeit hatte er dann einen kleinen Unfall gebaut. Er war einfach zu schnell gefahren und auf der regennassen Fahrbahn an den Bordstein gerutscht. Nichts Schlimmes, aber teuer.

Häufig merken Männer nicht, wenn sie in eine Depression hineinrutschen. Vielmehr werden sie der Krankheit erst gewahr, wenn es schon zu spät ist, wenn die Schuldgefühle und Lebensängste bereits ihr ganzes Denken und Handeln bestimmen. Und es ist anzunehmen, dass Männer weitaus häufiger von Depressionen betroffen sind als bisher angenommen. Denn fast zwei Drittel der Menschen, die ihrem Leben durch Suizid ein Ende setzen, sind Männer.

Nun stellt sich natürlich in einem Buch, das sich mit dem Thema Arbeitswelt und Depression beschäftigt, die Frage, ob es denn Unterschiede in der Symptomatik gibt, je nachdem, ob ein Mensch durch Stress am Arbeitsplatz, durch eine genetische Disposition, durch Beziehungskonflikte oder innere Konflikte erkrankt. Grundlegend kann diese Frage verneint werden. Die Symptome der manifesten Depression sind immer relativ ähnlich. Hier lässt sich nur nach einem Schweregrad der Symptomatik eine Einteilung in leichte, mittelschwere oder schwere Depressionen vollziehen.

Auffällig ist allerdings, dass gerade die mehr biologisch verursachten Depressionen oft durch einen raschen Depressionsbeginn innerhalb weniger Tage gekennzeichnet sind, während stressbedingte Depressionen sich oft über Monate bis Jahre entwickeln. In dieser Zeit erleben die Betroffenen bessere und wieder schlechtere Tage und Wochen. Diesen schleichenden Beginn von depressiven Erkrankungen werden wir anhand der Erschöpfungsspirale in Kapitel 4 näher untersuchen. Wir werden auch noch näher auf die Unterschiede zwischen häufig synonym benutzten Begriffen wie Burn-out, Mobbing und Erschöpfungsdepression eingehen. Allgemein kann jedoch gesagt werden, dass eine manifeste Depression mit den oben genannten typischen Symptomen die Endstufe eines Burn-out-Syndroms oder die Folge von jahrelangem Mobbing sein kann. Die Begriffe Erschöpfungsdepression, Burn-out und Mobbing haben somit eine gemeinsame Endstrecke, die durch die zerstörerischen Auswirkungen von Dauerstress auf Körper und Seele bestimmt ist.

Schon an dieser Stelle möchten wir unterstreichen, dass Depressionen in der Regel gut behandelt werden können. Die zwei Ebenen der Depressionsbehandlung sind die psychotherapeutische und die psychopharmakologische. Wir werden in späteren Kapiteln näher auf die Behandlungsmöglichkeiten und die Möglichkeiten zur Prävention von Depressionen eingehen (Exkurs 5: Was tun ...?)

Kapitel 2

Individualisierung und Globalisierung: Arbeitsbedingungen heute

Im 20. Jahrhundert wurde die Depression zu einer der großen Volkskrankheiten. Der amerikanische Autor Peter D. Kramer schreibt 2004 in seinem Buch *Against depression*, die Depression sei heute eine biologisch verstehbare Gehirnerkrankung.[1] Im Jahr 2005 mahnt der amerikanische Psychiater Dan G. Blazer in seinem Buch *The age of melancholy*, dass die Psychiatrie als medizinisches Fach offensichtlich in den letzten Jahrzehnten in ihrem Verständnis der Depression den sozialen Bezug und die sozialen Ursachen aus dem Auge verloren habe.[2]

Depression: Gehirnerkrankung oder soziale Erkrankung?

Über die Ursachen und die Entstehung der Depression streiten sich die Geister. Einig sind sich die beiden oben genannten Autoren dagegen in der Einschätzung, dass letztlich Stress die vermittelnde Instanz für die Entstehung der Depression ist

Individualisierung und Globalisierung

und dass Veränderungen unserer Stressreaktion oder unserer Befähigung zur Anpassung an Stress zu Depressionen führen können.

Der Unterschied der beiden Ansätze liegt jedoch darin, wie wir diese Zusammenhänge von Stress, Arbeitswelt und Depression betrachten: entweder aus der Innenwelt-Perspektive des Individuums oder aus der Außenperspektive der Welt, in der wir leben, die unsere Anpassung verlangt und auf die wir einzuwirken versuchen. Wird die Depression als Gehirnerkrankung gesehen, ist sie folgerichtig durch die Gegenmittel Psychopharmaka und Psychotherapie zu behandeln. Sieht man die Depression dagegen als soziale Erkrankung, steht die »Behandlung« der sozialen Ursachen im Vordergrund.

Unserer Ansicht nach spielt die soziale Dimension angesichts der großen Veränderungen in der Gesellschaft und im Selbstverständnis des Einzelnen aufgrund von Individualisierung und Globalisierung bei der Entstehung von Erschöpfung und Depression eine sehr große Rolle: Wenn in der modernen Gesellschaft das Selbst oder Ich im Mittelpunkt steht und äußere Autoritäten in den Hintergrund treten, dann lastet auf jedem Einzelnen von uns die ungeheure Aufgabe, jeden Tag neu zu entscheiden, was richtig oder falsch ist. Jeder muss jeden Tag neu entscheiden, was angemessen oder übertrieben ist, was für ihn gut oder schlecht ist, was er vermeiden und was er nicht umgehen kann. Die zentrale Frage »Wohin soll mein Lebensweg gehen?« hält uns ständig dazu an, unser Leben zu überprüfen, Entscheidungen zu fällen und neue Möglichkeiten zu nutzen.

Der moderne Mensch steht deshalb unter einem Orientierungsdruck. Er muss für sich selbst Ordnung, Regeln und Werte finden in einer übervollen Welt, in der es vermeintlich alles zu haben gibt und in der scheinbar jeder alles erreichen kann.

Der französische Soziologe Alain Ehrenberg hat dieses Phänomen der Moderne und seine Auswirkungen für den Einzelnen elegant in der These seines Buches *Das erschöpfte*

Depression: Gehirnerkrankung oder soziale Erkrankung?

Selbst zusammengefasst:[3] Der Verlust der äußeren Autorität macht scheinbar alles möglich, doch das moderne Individuum erschöpft sich genau an dieser Aufgabe – dauerhaft es selbst zu sein – und kann depressiv erkranken. Denn wenn für jeden von uns alles möglich ist, kann jeder letztlich nur hinter seinen Möglichkeiten zurückbleiben und wird sich infolgedessen unzureichend und unzulänglich fühlen.

Zugleich ist der moderne Mensch bei allem Anspruch an persönliche Freiheit nicht autonom. Er hängt von einer immer komplexeren, schnelleren und undurchschaubareren Welt ab. Und er ist dadurch ständig der Notwendigkeit unterworfen, nicht nur seine persönlichen Möglichkeiten zu prüfen, sondern auch zwischen seinem Anspruch auf Selbstverwirklichung und den Erwartungen und Bedingungen der globalen Ökonomie und Technologiegesellschaft eine Balance zu finden.

An unseren Arbeitsplätzen trifft uns dieser Zwiespalt besonders. Denn die Arbeit ist für viele Menschen der Ort, an dem sie sich selbst verwirklichen möchten – und zugleich der Ort, an dem die Auswirkungen der Globalisierung, wie Beschleunigung, Rationalisierung und Technisierung, großen Druck ausüben.

Die Anpassung an unsere Arbeitswelt erfordert daher unmittelbar die Reflexion dieser Lebens- und Arbeitswelt, und zwar aus der Position des für sich selbst verantwortlichen Individuums. Zum einen müssen wir unser persönliches Wertesystem, unseren Referenzwert, unsere Orientierungskoordinaten für unser Leben ständig überprüfen und neu justieren. Zum anderen müssen wir Aufmerksamkeit für die Gefahr der Erschöpfung entwickeln und bei Bedarf rechtzeitig Gegenmaßnahmen ergreifen, wenn wir uns nicht im Spannungsfeld der Möglichkeiten und Anforderungen in der modernen Welt erschöpfen wollen.

Früher waren unsere Rollen und Aufgaben klar definiert durch feste Regeln, Strukturen und Gebote in Familie, Religion und Staat. Heute ist unsere Gesellschaft unübersichtlicher. Ein hervorstechendes Merkmal der Informations- und Wissensgesellschaft ist gerade, dass sie, positiv ausgedrückt, vielfältig ist; negativ ausgedrückt könnte man sie auch als unüberschaubar bezeichnen. Familienstrukturen sind brüchiger, die Religion hat an Einfluss verloren, der Staat zieht sich als regulierende Instanz immer weiter zurück. Gleichzeitig stehen wir einem unübersehbaren und rasch wechselnden Angebot von möglichen Lebensentwürfen und Selbstdefinitionen gegenüber. Medien, Werbung und Mode verbreiten täglich neue Ideale. Die Wirtschaft fordert einen Arbeitnehmer, der sich flexibel an die Erfordernisse der Globalisierung anpasst. Auf welche stabilen Werte können wir uns also in der Entwicklung unseres Selbstbildes beziehen? Woran kann sich unser Selbstwertsystem orientieren?

Grundlage individueller Orientierung: Der Referenzwert

Wir benötigen eine Art »Referenzwert«, das heißt eine Art individuelles und zugleich stabiles Wertesystem. Diesen Referenzwert, der früher durch Erziehung und die festen Regeln der Gesellschaft relativ genau vorgegeben war, müssen wir heute bewusst selbst festsetzen – immer beachtend, dass wir nie autonome Wesen, sondern fest in das Wechselspiel von Mensch und Umwelt, von innen und außen, eingebunden sind.

Die Grundlage dieses Referenzwertes speist sich aus verschiedenen Quellen. An erster Stelle steht unsere Persönlichkeit, die sich aus dem Zusammenspiel von Genen, Gehirn und unseren zwischenmenschlichen Erfahrungen entwickelt.[4] Natürlich sind die frühen Beziehungen zu den Eltern dabei von grundlegender Bedeutung für unser Selbstbild, unseren Selbstwert und unsere Bindung an die Welt. Und auf dieser Basis be-

Grundlage individueller Orientierung: Der Referenzwert

werten wir uns selbst und andere, entsteht unser Referenzwert. Aber wir wissen heute, dass die Entwicklung unserer Persönlichkeit nicht mit dem Eintritt in das Erwachsenenalter abgeschlossen ist. In gewissem Sinne kann sich unsere Persönlichkeit lebenslang weiterentwickeln und verändern. Wir sind eben keine »genetischen« oder »sozialen« Kopien unserer Eltern, sondern haben die Fähigkeit, uns bis ins Alter anzupassen, an unsere Umwelt und die Menschen, die uns umgeben und mit denen wir uns umgeben. Deshalb können so viele verschiedene Quellen Einfluss auf uns nehmen und wir müssen unseren Referenzwert immer wieder neu justieren.

Ohne Bezug zu diesem persönlichen Referenzwert fühlen wir uns in der modernen Gesellschaft der tausend Möglichkeiten schnell orientierungslos. So wie Jürgen P., ein erfolgreicher Werbefachmann mit Niederlassungen in Hamburg und Düsseldorf. Ein Mann, der alles erreicht hat: eine Villa an der Außenalster, ein Büro mit phantastischem Blick über den Hafen, Ehefrau, Kinder, eine gefragte Agentur. Er suchte Hilfe bei einem Psychiater, weil er über seine eigenen Gedanken entsetzt war. Einige Tage zuvor war er geschäftlich in Düsseldorf gewesen und wie jeden Morgen joggen gegangen. Als er an diesem Morgen über die Rheinbrücke lief, spürte er unvermittelt einen Sog, der Gedanke, einfach in das graublaue Rheinwasser zu springen, nahm immer konkreter Gestalt an. Schon studierte er die Höhe des Geländers.

Im gleichen Moment war er erschrocken über diesen Gedanken. Blieb stehen und holte tief Luft. Seit Wochen fühlte er gerade morgens einen unbestimmten Schmerz in Bauch und Brust, hatte sich schon auf Angina Pectoris untersuchen lassen. Und er war erfüllt von einer schwer beschreibbaren Sehnsucht »nach einem anderen Ort«, an dem er sich frei und unbeschwert fühlen würde. Ein Ort, der nichts mit seinem jetzigen Leben zu tun hätte.

Jürgen P. entwertete in seinen Tagträumen all das, was andere als sein Glück betrachteten. Seiner Ansicht nach lag sein

Glück dagegen an einem unerreichbar fernen Ort. In der Therapie arbeitete er daran, dass dieser Ort im Grunde hier, direkt vor seinen Augen und in jedem beliebigen Lebensaugenblick liegt. Jürgen P. wurde in den Gesprächen aber auch klar, dass er diesen Ort nur erreichen würde, wenn er einen Augenblick stoppen, sich Zeit für sich nehmen, auf seine Gefühle achten und wieder Entscheidungen für sich und die Menschen treffen würde, die ihm am Herzen liegen. Und er müsste aufhören, nur dem zu folgen, was andere seiner Ansicht nach von ihm fordern.

Wachsende Orientierungslosigkeit

Viele Menschen leben zurzeit in Deutschland mit ähnlichen Gefühlen der Orientierungslosigkeit, wie Stephan Grünewald, Diplompsychologe, Psychotherapeut und Mitbegründer des Marktforschungsinstituts rheingold, herausgefunden hat. Als Grundlage dienten ihm 20 000 psychologische Interviews, die er und seine Mitarbeiter in den letzten Jahren mit Menschen aller Schichten geführt haben. Seine Beobachtung: »Erstaunlich viele Menschen kämpfen derzeit mit ähnlichen Grundproblemen. Egal, ob Manager, Politiker, Arbeitnehmer, Mütter oder Studenten: Verschiedene gesellschaftliche Gruppen beschreiben ein ähnliches Gefühl von lähmender Orientierungslosigkeit, sprechen von diffusen Zwängen und Zuständen hektischer Betriebsamkeit«, schreibt Grünewald in seinem Buch *Deutschland auf der Couch*.[5] Und weiter: »Viele Menschen haben den Bezug zu den grundlegenden (psycho-logischen) Zusammenhängen verloren, die das Leben bestimmen.« Vielen Menschen geht es offensichtlich wie Jürgen P. Sie sind nicht mehr mit ihrem persönlichen Referenzwert in Kontakt und versuchen sich (erfolglos) an den Zielen des Erfolges oder den Vorgaben der Außenwelt zu orientieren.

Lord Richard Layard, Direktor des Center for Economic Performance an der London School of Economics, schreibt in seinem Buch *Die glückliche Gesellschaft:*[6] »Der Individualismus hat den Menschen bestenfalls das Ideal der Selbstverwirklichung zu bieten. Doch diese neue Religion hat versagt. Sie hat die Menschen nicht glücklicher gemacht, im Gegenteil, sie setzt jeden unter Druck, möglichst viel und möglichst nur das Beste für sich selbst zu ergattern. Wenn wir aber wirklich glücklich leben wollen, dann brauchen wir ein gemeinsames Ziel, ein gemeinsames Gut oder Gemeinwohl, zu dem wir alle unseren Beitrag leisten können.«

Layards Analyse unterstreicht den Einfluss des Engagements mit und für andere Menschen, wenn wir zufrieden sein wollen. Wir sind soziale Wesen und als solche über Jahrmillionen geprägt. Unsere persönliche Entwicklung ist untrennbar mit der Gemeinschaft verbunden und unser Selbstwert an der Gemeinschaft »geeicht«. Eine Ich-Diktatur, die von der völligen Freiheit und Autonomie des Einzelnen ausgeht und dies als Weg zum Glück formuliert, ist insofern eine Illusion.

Layards Gedanken betonen deshalb die Bedeutung von Erziehung und Bildung in der heutigen Zeit. Die pädagogische Aufgabe von Eltern und Lehrern ist enorm und widersprüchlich: Sie sollen emotionale Sicherheit und Verlässlichkeit geben und klare Werte vermitteln, allerdings soll all dies geschehen mit dem Anspruch von größtmöglicher Selbstbestimmung und Selbstverwirklichung. Das ist die Gratwanderung, die heute Eltern mit ihren Kindern oder Lehrer mit ihren Schülern unternehmen.

Doch auch im Arbeitsleben ist der persönliche Referenzwert oft nur schwer zu halten. Flexibilität, Mobilität, Kreativität und höchster Einsatz werden gefordert, partizipative Führung, Teamarbeit und Einzelverantwortung, Insourcing und Outsourcing stehen auf der Tagesordnung der meisten Unternehmen. Und der Beschäftigte kommt fast nicht umhin, sich zu fragen: Bin ich noch etwas wert? Ist meine Arbeit von gestern noch etwas wert? Worauf beziehe ich mich und was wird Bestand haben?[7]

Selbstbestimmung und Individualisierung

Wir wollen an dieser Stelle einen Moment zurückblicken und fragen, wie es aus historischer Sicht zu diesem Individualisierungsprozess kam, der in der Moderne seinen augenblicklichen Höhepunkt findet und im schlechten Fall zur Ich-Diktatur führt.

Begonnen hat alles mit den alten Griechen. Selbstbeherrschung und Vernunft sind für sie die Ziele des menschlichen Strebens, Gott stellt das (allerdings unerreichbare) Vorbild dar. Selbstbeherrschung und Vernunft lassen sich aber nur erreichen, wenn jeder Mensch eine feste Verankerung in der Tradition der Gemeinschaft hat. Die »Überlieferung« bestimmt wesentlich den Referenzwert dieser Zeit.[8] Richtig in Schwung kommt der neue Gedanke der Selbstbestimmung dann mit der Renaissance. Eigenverantwortung, Selbstbeherrschung und Selbstdisziplin sind die Maximen der Kaufleute der kleinen italienischen Stadtstaaten.[9] Wissenschaft und Kunst entwinden sich dem Diktat des mittelalterlichen Glaubens und streben nach freier Erkenntnis. Der Referenzwert bezieht sich in der Renaissance auf die Gleichberechtigung von persönlicher Entwicklung und Glaube, von Selbstverantwortung und Gottesfürchtigkeit. Die Denker der Aufklärung übernehmen die Stafette des Individualisierungsprozesses. Im Jahrhundert vor der französischen Revolution wird jetzt das Wohlergehen der gesamten Menschheit zum Ziel. Die Suche nach dem diesseitigen Glück ersetzt nun vollends das Streben nach jenseitigem Heil. Jeder Mensch mag seinen Glauben behalten, aber jenseits seines Glaubens ist er der Menschlichkeit verpflichtet. Der Referenzwert der Aufklärung bezieht sich auf Selbstbestimmung und Vernunft, seine Grundlage sind das Gebot der Menschenrechte und das Gleichheitsgebot. »Freiheit, Gleichheit, Brüderlichkeit« – die Maximen der französischen Revolution zeigen, wie schnell diese neue Freiheit auch in Diktatur und Missbrauch umschlagen kann. Der mündige und selbstbewusste Mensch bleibt an sich selbst gefesselt, er muss sich seiner Grenzen immer wieder bewusst werden, seinen Referenzwert neu hinterfragen. Und welchen Referenzwert haben wir heute?

Dieser historische Prozess der Individualisierung und zunehmenden Selbstbestimmung des Menschen ist mit dem heute viel besprochenen Prozess der Globalisierung untrennbar verbunden. Dies muss sich jeder klar machen, der heute über seinen Referenzwert nachdenkt.

Chance und Angstfaktor: Die Globalisierung

Der amerikanische Autor Thomas L. Friedman benennt in seinem Buch *The flat world* zehn Kräfte, die seit 1989 die Welt maßgeblich verändert haben.[10] Als erste und wichtigste Veränderung nennt er die Öffnung der Mauer in Berlin am 9. November 1989, aber auch die Veränderungen in Informationstechnologie und Ökonomie, die die Welt auf einen Schlag »flacher«, verbundener und flexibler gemacht haben.

Friedman spricht von drei großen Globalisierungsbewegungen in der Neuzeit. Die erste begann mit der Entdeckung Amerikas durch Kolumbus 1492 und dauerte ungefähr bis 1800. In dieser Zeit schrumpfte die Welt von »large« auf »medium size«. Der Schlüssel zum Erfolg lag für Individuen und Nationen in Muskel- und Pferdekraft, Windkraft und

Mechanik. Religion und Nationalstaat gaben den Rückenwind zur Entwicklung. Die zweite Globalisierungsphase dauerte nach Friedman von 1800 bis 2000. Die Welt schrumpfte von »medium« auf »small size«. Maschinen und Telekommunikation bis zu den Ansätzen des Internets machten die Welt immer kleiner. Neben die Nationalstaaten traten multinationale Firmen.

Die dritte Ära einer Globalisierung startete nach Friedman um die Jahrtausendwende mit der explosionsartigen Ausbreitung des Internets. Die Welt schrumpft damit zu einer flachen und gleichzeitigen Welt, »the flat world«. Und während die erste Globalisierungswelle von Nationalstaaten vorangetrieben wurde, die zweite von multinationalen Unternehmen, steht das Individuum für Friedman im Zentrum der dritten Globalisierungswelle. Individualisierung und Globalisierung sind zwei Seiten einer Medaille. Kooperation und Konkurrenz finden jetzt nicht mehr zwischen Nationalstaaten oder multinationalen Firmen statt, sondern jedes Individuum kann plötzlich über Internet mit einem anderen Menschen auf der Welt sich austauschen, zusammenarbeiten oder konkurrieren.

Dieser Prozess fand bis 1989 in einer dreigeteilten Welt statt, westliche Demokratien, östlicher Sozialismus und südliche Entwicklungsländer. Mit dem Fall der Mauer zeigte sich, dass diese Dreiteilung der Welt für die westlichen Länder und insbesondere für die BRD gleichbedeutend mit dem Ende einer Idylle war. Denn durch Containerschifffahrt und Internet war die Welt mit einem Schlag zu einem offenen Globus geworden. Einer unveränderten Menge an Kapital standen plötzlich doppelt so viele Arbeitskräfte zur Verfügung.[11] Der Begriff Globalisierung wurde für die einen ein Gespenst, ein grausames Monster, für die anderen ein unablässiger Motor für Entwicklung und Wohlstand.

Was aber bedeutet dies für uns als Individuen in einer »flachen und gleichzeitigen« Welt? Friedman spricht von einem

»empowerment« des Einzelnen, er sieht die Chance, die Herausforderung, die in einer eng verknüpften Welt liegt. Nicht mehr Europäer und Amerikaner, sondern alle Menschen der Welt stehen plötzlich vor der Möglichkeit zu Entwicklung und Konkurrenz. Dies macht aber auch Angst. Wir Europäer könnten uns plötzlich in der Rolle der Venezianer nach der Entdeckung Amerikas durch Kolumbus wiederfinden. Noch erleben wir uns als bedeutende ökonomische und kulturelle Macht, aber was sind wir in 50 oder 100 Jahren? Ein »Disneyland« für Chinesen und Inder, die *good old Europe* in den Ferien durchstreifen, eine versunkene und wunderschöne Welt mit einer großartigen Geschichte?

Globalisierung ist also nicht nur eine Chance für uns, Globalisierung löst Ängste in uns aus. Und diese Verunsicherung trifft auf den Menschen, der sich seit der Renaissance immer stärker als selbstbestimmtes Individuum im Mittelpunkt der Welt sieht. Sicherheit und Orientierung gebende Institutionen wie Kirche, Staat und Familie sind immer weiter in den Hintergrund getreten. Woher beziehen wir dann unsere Werte, wie bestimmt sich unser Referenzwert in dieser flachen und globalisierten Welt? Neben die Chancen tritt so die Unsicherheit. Und es ist vielleicht auch diese Angst, die uns in einer bisher nicht gekannten Weise in die Arbeit treibt. Der Einzelne wird zur »Ich-AG« und steht allein dem Kosten-Nutzen-Prinzip und einem hart umkämpften Weltmarkt gegenüber. Die Trennung zwischen Arbeits- und Freizeit verwischt sich immer mehr, und eine historisch bisher nicht bekannte Identifikation mit der Arbeit bezieht ihre Kraft aus zwei ungleichen Triebfedern: dem Wunsch nach Selbstbestätigung und der Angst zu versagen.

Lassen Sie uns noch einmal Ehrenberg und sein Buch *Das erschöpfte Selbst* zitieren:[12] »Manche geben sich etwas zu leicht damit zufrieden, über den nur allzu bekannten Orientierungsverlust des modernen Menschen, die daraus folgende Schwächung der sozialen Bindung, die Privatisierung der Existenz und den Niedergang des öffentlichen Lebens zu klagen. Diese

Stereotypen verleiten uns zu dem bekannten Reden über die gute alte Zeit. Doch haben wir mit dieser neuen Freiheit nicht auch etwas gewonnen? Offensichtlich haben wir es eher mit der Verwirrung zwischen mehreren Orientierungen als mit Orientierungsverlust zu tun. Ist das vergrößerte Angebot an Orientierungen nicht überhaupt eine Voraussetzung, ohne die diese Freiheit gar nicht existieren könnte? Wollen wir zurück in den disziplinierenden Kerker der alten Gesellschaftsordnung? ... Es ist Zeit, das Problem der Emanzipation mit einem Minimum an historischem und praktischem Sinn anzugehen, statt in Selbstmitleid zu versinken. Diese neue Souveränität macht uns nicht allmächtig, sie macht uns nicht frei zu tun, was uns gefällt. Sie besiegelt nicht die Herrschaft des Privatmenschen.«

Diese neue Souveränität, die sich aus der Parallelität von Individualisierungs- und Globalisierungsprozessen ergibt, hat uns sozusagen zu »Menschen ohne Führer« gemacht. Wir müssen für uns selbst entscheiden und unsere eigenen Orientierungen konstruieren. Normen, Verbote und Gesetze haben an Bedeutung verloren, aber der Markt und die Medien sind alles. Wenn scheinbar alles möglich ist, ist es vielleicht nicht mehr so wichtig, der Erste zu sein, im Sinne eines Erfinders oder Entdeckers, wie in der Zeit der industriellen Revolution. In der Welt der Gleichzeitigkeit und Geschwindigkeit geht es vielmehr darum, der Erste zu sein, der die Auswirkungen einer Erfindung oder Veränderung erfasst und umzusetzen vermag. Initiative ist gefragt. Wer als Erster auf dem Markt ist, hat gewonnen.

Der Weg in die Erschöpfung

Die beständige Spannung zwischen dem Möglichen und dem »Verpassten« setzt das Individuum unter eine Daueranspannung. In gewisser Weise leben wir in einem Zustand ständiger Aufmerksamkeit für neue Möglichkeiten und ihre Relevanz

Der Weg in die Erschöpfung

für uns. Da wir es in einer Welt ohne feste Orientierungen aber nicht schaffen, laufend initiativ, kreativ und immer in Bewegung zu sein, führt uns »die neue Welt« unweigerlich auf eine Erschöpfungsspirale.

In diesem Spannungsfeld zwischen Möglichkeiten und Erschöpfung, zwischen Selbstverwirklichung und Orientierungsverlust, nimmt unsere Arbeit eine zentrale Rolle ein. Für viele steht die Arbeit und der Arbeitsplatz sogar an erster Stelle in diesem Wechselspiel. Denn Arbeit ist heute der Bereich, aus dem wir, neben der Familie, den größten Anteil von Selbstwert und Selbstverwirklichung beziehen. Aber Arbeit ist zugleich und deshalb auch der Bereich, der uns am meisten (ungesunden) Stress machen kann.

Exkurs 2

Die Depression aus dem Blickwinkel der Evolution oder: Waren Steinzeitmenschen auch schon depressiv?

Es fällt schwer, bei einer so ernsten Erkrankung wie der Depression, die bekanntlich mit einem hohen Selbsttötungsrisiko einhergeht, einen Sinn in den Gefühlen der Ohnmacht, Antriebslosigkeit oder gar Verzweiflung zu erkennen. Deshalb sind seit Jahrzehnten Psychiater, Neurobiologen, Genetiker und Pharmazeuten auf der Suche nach den Ursachen der Depression – und verbinden mit ihrer Suche die Hoffnung, ein ultimatives Mittel zu finden, um diese Krankheit verschwinden zu lassen, ebenso wie es mit den Pocken durch systematische Impfung möglich war. Gefunden haben sie dieses Allheilmittel bisher noch nicht und die Wissenschaftler, die sich mit der »evolutionären Medizin« beschäftigen, die Krankheiten also unter dem Blickwinkel der menschlichen Entwicklungsgeschichte betrachten, sind sich sicher, dass man so ein Allheilmittel gegen die Depression ebenso wenig finden wird wie gegen die Neigung des Menschen zur Schwermut oder zur Freude.

»Das Verhaltensrepertoire, das depressive Menschen zeigen, gehört untrennbar zum Menschen dazu«, erklärt Markus Preiter. Dr. Preiter ist Oberarzt in der Abteilung für Psychiatrie und Psychotherapie am Allgemeinen Krankenhaus Harburg und hat gerade die erste Dissertation im deutschsprachigen Raum auf dem Gebiet der evolutionären Medizin fertiggestellt, die sich speziell mit der Entstehung psychischer Krankheiten beschäftigt.[1]

Die Arbeit von Dr. Preiter zeigt die Depression und andere psychische Erkrankungen in einem ganz neuen Licht: nicht als Krankheit, sondern als »Entgleisung« eines an sich sinnvollen Regelmechanismus, der sich im Laufe der Jahrmillionen der menschlichen Entwicklung herausgebildet hat. Man kann sich das etwa so vorstellen: Die ersten affenartigen Vorfahren des Menschen waren kleine Primaten, ähnlich den heute noch in Südostasien lebenden Zwergtupajas. Zwergtupajas sind extreme Einzelgänger, die ihr Revier hartnäckig und aggressiv gegen Artgenossen verteidigen. Unsere frühen Vorfahren konnten sich die gleiche unabhängige Lebensweise als Einzelgänger in gewisser Weise leisten, weil es keine natürlichen Feinde für sie gab. Doch als sich vor 45 Millionen Jahren Raubtiere entwickelten, die den Primaten gefährlich wurden, schlossen sich unsere Urahnen zur Selbstverteidigung in Gruppen zusammen. Der Vorteil liegt auf der Hand: Gemeinsam konnte man sich besser vor Feinden schützen. Die Nachteile sind jedoch genauso offensichtlich: In einer Gruppe gibt es Konkurrenz um die begrenzten Angebote, etwa um Nahrung, Sexualpartner und Nistplätze. Bei einem Leben in Gruppen entsteht somit potenziell mehr Auseinandersetzung und Stress als bei einer einzelgängerischen Lebensweise.

Die Natur musste deshalb über die in der Evolution stattfindende Anpassung eine Möglichkeit finden, diesen Stress zu verringern und somit Stress für den Einzelnen und die Gruppe erträglich zu machen. Die Lösung? Klare, von allen Gruppenmitgliedern verstandene soziale Spielregeln und die Bereitstellung von biologisch verankerten Verhaltensmustern.

»Die Sozialität führt unausweichlich zu Hierarchienbildung und Statusunterschieden, um den Gruppenstress für alle gewinnbringend zu reduzieren«, erklärt Markus Preiter. Das bedeutet aber automatisch, dass es in einer Gruppe immer Individuen gibt, die im Rang höher stehen, und solche, die im Rang niedriger angesiedelt sind. Und diese sozialen Hierarchien führten wiederum dazu, dass sich ein natürliches Verhaltensrepertoire entwickelte, auf welches die aktuellen Anführer genauso wie die aktuellen Rangniedrigen bei Bedarf »automatisch« zurückgreifen können. »Fühlen, Denken und Handeln ergeben eine sinnvolle Einheit, welche eine möglichst stressfreie soziale Navigation für alle Gruppenmitglieder erst ermöglicht, da sich jeder seinem Platz in der Hierarchie entsprechend verhält«, führt Preiter in seiner Untersuchung aus.

Für die rangniedrigeren Gruppenmitglieder sieht diese Einheit so aus: Sie entwickeln ein niedriges Selbstwertgefühl und verhalten sich entsprechend. Sie werden zurückhaltend, haben nur wenig Kontakte, hören auf zu kämpfen und gehen Auseinandersetzungen aus dem Weg. Der Unterlegene richtet sich in seiner Selbstwahrnehmung, seinen Gefühlen und in seinem Verhalten in seiner Situation eines niedrigen Status ein. Schließlich wäre es zu anstrengend und gefährlich, tagtäglich gegen die gewachsene Hierarchie zu kämpfen – und der überlegene Chef der Gruppe würde einen ewigen Rebellen wahrscheinlich auch aus der Gruppe ausschließen und ihn damit den im Hintergrund lauernden Feinden schutzlos ausliefern. Signalisiert der Rangniedrige aber durch sein Verhalten seine Akzeptanz der Hierarchie, bleibt er ein toleriertes Gruppenmitglied. Depressives Verhalten war in den Gruppen unserer Vorfahren also offensichtlich ein überlebenswichtiges Verhaltensmuster und die Evolution war über viele Millionen Jahre damit beschäftigt, diese sozialen Strategien in unseren Vorfahren zu verankern und zu verfeinern.

»Die Depression ist ein Instrument des ›psychischen Notfallkoffers‹ für das Leben in sozialen Bezügen, den uns die Evolution hinterlassen hat und der in uns allen bereitliegt. Aus der Perspektive unserer evolutionären Entwicklung gesehen, ist es ein sehr vernünftiger Mechanismus des Menschseins – und untrennbar damit verbunden«, folgert deshalb Dr. Preiter. Ohne das Vermögen zu diesem unterwürfigen Verhaltensrepertoire würden Gruppen nicht funktionieren. Und auch, wenn der Mensch sich von vielen Umweltbedingungen im Laufe der Jahrmillionen unabhängig gemacht hat, von seinen Eigenschaften als soziales Wesen konnte er sich nicht befreien. Im Gegenteil: »Unser wichtigster Umweltfaktor sind die anderen«, weiß der Psychiater Dr. Preiter. Kein Wunder also, dass gerade die sozialen Mechanismen beim Menschen noch viel ausgeklügelter und feiner funktionieren als in Affen-Gesellschaften. Und für das Leben in kleinen Gruppen mit bis zu 100 Individuen war dieses Verhaltensrepertoire auch sehr sinnvoll.

Das Problem in der heutigen Zeit ist allerdings, dass wir uns nicht mehr in kleinen, überschaubaren Gruppen mit klaren sozialen Bezügen bewegen. Wir leben in anonymen Millionenstädten, arbeiten in weltweit operierenden Unternehmen mit Tausenden von Mitarbeitern. Wir ziehen aus Gründen der beruflichen Mobilität alle fünf Jahre um und pflegen Freundschaften vor allem am Telefon oder per E-Mail. Die Kleingruppe als Bezug, in die hinein wir uns emotional entfalten können und die auf unsere Emotions- und Verhaltenssignale stimmig reagiert, ist verschwunden – aber unser Verhaltensrepertoire, das sich über Jahrmillionen entwickelt hat, ist noch dasselbe. Auf Gefühle von Ohnmacht und Unterlegensein reagieren wir mit depressiven Verstimmungen und »unterwürfigem Rückzug«. Allerdings nimmt diese sozialen Signale kaum einer wahr, da sich der soziale Kontext des modernen Menschen immer weiter ausdünnt. Damit verstärkt sich der Rückzug sowie die erlebte Ohnmacht und die eigentlich sinnvolle Verstimmung entgleist zu einer schweren, sich selbstständig machenden Depression.

Gerade die heutige Entwicklung der Arbeitswelt mit immer mehr Unsicherheit, prekären Arbeitsverhältnissen und Druck verursacht dabei bei immer mehr Menschen dieses Gefühl von Ohnmacht und Unterlegenheit: Heute waren wir noch Projektleiter mit hohem Status, morgen sind wir arbeitslos mit sehr niedrigem Status. Heute waren wir noch Mitarbeiter in Gruppe X, morgen sollen wir uns in Gruppe Y behaupten. Heute waren wir noch fest angestellt und fühlten uns sicher, morgen sollen wir uns als Selbstständige gegen Hunderte von Konkurrenten durchsetzen. »Es erstaunt nicht, dass solche Situationen von immer mehr Menschen nicht bewältigt werden können«, urteilt Dr. Preiter, »weil in einer rein bilanzorientierten Arbeitswelt der soziale Kontext des Arbeitsplatzes und die emotionalen Bedürfnisse der Arbeitnehmer völlig ausgeblendet werden.« Das menschliche Gehirn und unsere Gefühlswelt sind insofern für die globalisierte Welt nicht gemacht.

Dazu kommt, dass die natürliche Reaktion, sich unterzuordnen, wenn man sich ohnmächtig fühlt, in der globalen Welt ins Leere läuft und nicht gratifiziert wird. Wer klaglos seinen Büroplatz räumt, weil er den Konkurrenten aus China unterliegt, erntet dafür keinen Dank oder Schutz durch die Gruppe. Es gibt keine Gegenleistung von der Gruppe oder vom »Oberaffen«, die der Unterordnung Sinn gibt. Das verstärkt das Gefühl von Ohnmacht für den Einzelnen noch weiter. Ein Teufelskreis beginnt. Die Depression nimmt ihren Lauf. Wer sich »unten« stehend erfährt und schließlich durch unverschuldeten Arbeitsplatzverlust durch Rationalisierungsmaßnahmen auch noch aus der Gruppe »Arbeitswelt« ausgeschlossen wird, wird mit höherer Wahrscheinlichkeit depressiv werden – und dann mit allen Symptomen.

Preiters Schlussfolgerung: »Auch wenn man nicht eine Paläoromantik betreiben sollte, also nicht das äußerst entbehrungsreiche Leben der Steinzeitmenschen romantisieren darf, so kann man doch vermuten, dass in ihren Gruppen jeder irgendetwas besonders gut konnte und seine Anerkennung fand. Depressiv konnten Steinzeitmenschen sicher auch werden, sie waren es im Gegensatz zum modernen Menschen wohl aber zahlenmäßig seltener und nicht mit der gleichen Schwere, da der depressive Absturz durch das soziale Netz rascher aufgefangen werden konnte.«

Kapitel 3

Schreckgespenst Stress: Warum uns die an sich gesunde Stressreaktion krank machen kann

Stress ist etwas völlig Normales. Ohne ein Reaktionsrepertoire für Stress hätte die Menschheit gar nicht bis heute überlebt: Wenn wir auf der Autobahn blitzschnell abbremsen, um den Motorradfahrer nicht zu rammen, der plötzlich knapp vor uns einschert. Wenn wir jemanden, der uns angreift, laut anschreien und die Faust zum Schlag hochreißen. Wenn wir nach dem Kind schnappen, das eine Sekunde später vom Wickeltisch gefallen wäre. All das sind automatisierte Reaktionen auf Gefahren.

Unser Körper kommt angesichts einer Gefahr in wenigen Sekundenbruchteilen auf Hochtouren. Noradrenalin rauscht durch das Blut. Der Puls schlägt schneller, der Blutdruck steigt. Die Atmung wird rascher. Die Muskeln sind angespannt und optimal mit Sauerstoff versorgt. Das Gehirn ist extrem aufmerksam und in Alarmbereitschaft. Wir sind zum Kampf oder zur Flucht bereit, je nach Situation.

Der Mensch ist ein Profi für schnelles Handeln: Unsere Reaktionen laufen so schnell ab, dass uns meist erst nach dem

Stressereignis klar wird, was passiert ist. Erst nach der Schrecksekunde spüren wir, wie unser Herz gegen die Brust wummert. Wir spüren, dass unser Atem immer noch schnell geht, die Knie plötzlich weich werden, manchmal ist uns sogar schwindelig. Wir fühlen uns erschöpft, spüren, wie anstrengend die schnelle Reaktion war. Vielleicht blicken wir uns noch einmal um, um zu sehen, ob die Gefahr wirklich vorbei ist. Unser Impuls ist es, uns hinzusetzen, zu verschnaufen, uns auszuruhen. Körper und Geist brauchen eine Erholungspause. In dieser Phase des Ausruhens normalisiert sich der Blutdruck, das Herz schlägt wieder langsamer. Noradrenalin und andere Stresshormone werden vom Körper abgebaut. Nach einiger Zeit fangen Magen und Darm wieder an zu arbeiten.

Was bei Gefahr in Körper und Geist passiert

Was automatisch funktioniert, sobald wir einer Gefahr begegnen, ist auf physiologischer Ebene ein höchst komplexer Regelkreis, in dem unser Gehirn und unser Hormonsystem die Hauptrolle spielen. Wenn wir eine Gefahr wahrnehmen, signalisiert unser Zwischenhirn dem Körper »Alarm!«. Das geschieht über das autonome Nervensystem, das mit allen wichtigen Organen in Verbindung steht. Das autonome Nervensystem setzt sich aus zwei Nervensträngen zusammen, dem Sympathikus und dem Parasympathikus, die als Gegenspieler funktionieren. Über den aktivierenden Sympathikus wird der ganze Körper unverzüglich in Alarmbereitschaft versetzt. Eine wichtige Rolle nehmen dabei die Nebennieren ein, die als kleine Organe wie eine Kappe über unseren Nieren sitzen. Wenn die Nebennierenrinde durch den Sympathikus aktiviert wird, schütten sie die Botenstoffe (oder Neurotransmitter) Noradrenalin und Adrenalin in den Blutkreislauf aus. Diese Botenstoffe verteilen sich in blitzartiger Geschwindigkeit im ganzen Körper und sind dafür verantwortlich, dass angesichts der Gefahr und Angst auslösenden Situation die akute Alarmreaktion in Gang kommt: Unser Herz schlägt schneller, der Blutdruck erhöht sich, die Muskelspannung steigt an und zusätzliche Energie wird den Muskeln durch Freisetzung von Glukose- und Fettreserven bereitgestellt. Die Blutgerinnungszeit verkürzt sich, so dass im Falle eines Blutverlustes schneller die Blutungsstillung eintritt. Innerhalb von Sekundenbruchteilen sind wir bereit zum Kampf oder zur Flucht. Die Botenstoffe Noradrenalin und Adrenalin wirken aber auch auf unsere psychischen Funktionen, indem sie Aufmerksamkeit, Entscheidungsschnelligkeit und Gedächtnisleistung verbessern.

Der zweite Nervenstrang, der Parasympathikus, hat dagegen eine hemmende Wirkung. Er bremst angesichts einer akuten Gefahr unsere Verdauungsvorgänge und unsere Sexualfunktionen, damit alle Energie in die überlebenswichtige Alarmreaktion fließen kann. Aber das ist nicht alles.

Parallel zu den Nervensträngen Sympathikus und Parasympathikus wird auch die so genannte Stresshormon-Achse aktiviert. Die mit der Lebensgefahr verbundene Angstreaktion im limbischen System bewirkt im Hypothalamus, einer im Zwischenhirn gelegenen kleinen Schaltzentrale, die Freisetzung des Botenstoffe CRH (Corticotropin Releasing Hormone) und Vasopressin. Das CRH erreicht über die Blutbahn nach kurzer Wegstrecke die Hirnanhangdrüse. Die Hirnanhangdrüse (Hypophyse) ist das Hormonzentrum unseres Gehirns. Sie setzt auf Befehl des CRH sofort das Hormon ACTH (Adrenocorticotropes Hormon) frei. Dieses Hormon erreicht wiederum blitzschnell über den Blutkreislauf das Nebennierenmark und setzt dort das Hormon Cortisol frei. Cortisol mobilisiert, ähnlich wie der Nervenstrang Sympathikus, die Glukose- und Fettreserven im Körper und verbessert die Gehirnfunktionen. Das zugleich vom Hypothalamus freigesetzte Hormon Vasopressin sorgt dafür, dass die Niere nur noch langsam Flüssigkeit ausscheidet – mit voller Blase ließe sich einfach nicht gut kämpfen oder flüchten.

So wie im autonomen Nervensystem die beiden Nervenstränge Sympathikus und Parasympathikus Gegenspieler sind, so haben auch die genannten Stresshormone einen Gegenspieler, das Hormon Oxytozin. Es hat eine »Antistress-Wirkung«. So richtig zum Zuge kommt es, nachdem die größte Gefahr vorbei ist. Oxytozin und der hemmende Parasympathikus sorgen dafür, dass wir in der Ruhepause nach der Gefahr wieder von unserem Turbo-Stresspegel auf das normale Niveau unserer Körperfunktionen kommen. Und das Cortisol selbst hemmt über eine negative Rückkoppelung Vasopressin, CRH und ACTH und damit seine eigene Freisetzung.

Man kann sich diesen Regelkreis ein wenig so vorstellen wie den Regler unserer Körpertemperatur: Im Normalfall liegt die menschliche Körpertemperatur bei 36,5 Grad Celsius. Bei Fieber oder starken Anstrengungen steigt die Temperatur. Dadurch werden bestimmte physiologische Prozesse, wie beispielsweise die Abwehr von Krankheitserregern, optimiert. Sobald die Infektion oder Anstrengung allerdings vorbei ist, hat der Körper das Bestreben, die Temperatur wieder auf 36,5 Grad Celsius hinunterzuregeln, weil eine dauerhaft erhöhte Temperatur unseren Körper schädigt.

Bereits 1948 formulierte Hans Seyle das »allgemeine Adaptationssyndrom« als Anpassungsreaktion auf Stress und beschrieb damit einen grundlegenden Mechanismus, der bis heute Gültigkeit hat:[1] Begegnen wir einem Stressor, versetzt das unseren Körper in eine Alarmreaktion mit der Bereitschaft zu Kampf oder Flucht, wie sie oben beschrieben wurde. Ist die Gefahr vorbei, beginnt sich unser Körper in der Erholungsphase wieder zu regenerieren. Die Stresshormone werden abgebaut, das parasympathische Nervensystem übernimmt die Regie, Körper und Seele entspannen sich, um wieder auf ihr normales Niveau von Aufmerksamkeit und Anspannung zu kommen. Nach einer Weile haben sich unsere Körperfunktionen wieder auf einen Ruhewert eingependelt.

Wie Dauerstress krank macht

Wenn sich unser Organismus allerdings nicht erholen kann, weil wir direkt dem nächsten Stressor begegnen, bleiben wir in ständiger Alarmbereitschaft. Der Mensch versucht der dauerhaften Anforderung gerecht zu werden. Im Gegensatz zum Regelkreis der Körpertemperatur, der sich immer wieder auf demselben Ausgangswert oder »Sollwert« einpendelt (Prinzip der Homöostase), ist unser Stresssystem fähig, sich auch der beständig erhöhten Anforderung anzupassen: Unser Körper stellt sich unter Dauerbelastung nach und nach auf das hohe Leistungsniveau ein (Prinzip der Allostase). Die Konzentration der Stresshormone im Blut bleibt hoch, der Sympathikus bleibt auf einem höheren Niveau aktiviert. Immunabwehr, Sexualtrieb und Verdauung werden weiter gehemmt. Hält der Stress sehr lange an, verliert unser Körper sogar die Fähigkeit, seine Funktionen wieder auf sein früheres Ruheniveau zurückzufahren. Der »Sollwert« oder »Ruhewert« hat sich verändert. Auf Dauer kann der menschliche Organismus dieses hohe Aktivierungsniveau jedoch nicht verkraften. Es kommt zur Erschöpfung, zu körperlichen und seelischen Erkrankungen.

Bruce McEwen, Leiter des Labors für Neuroendokrinologie der Rockefeller University in New York, prägte für diesen Zustand der Überlastung der Körperfunktionen durch Stress den Begriff »allostatic overload« und beschrieb die vielfältigen »Abnutzungserscheinungen« im Organismus, die die dauerhaft erhöhte Alarmbereitschaft unweigerlich mit sich bringt:[2] Der ständig erhöhte Cortisolwert im Blut schwächt das Immunsystem. Eine höhere Anfälligkeit für Infekte ist die Folge.

Auch erhöhte Blutdruck- und Blutfettwerte machen dem Körper zu schaffen und führen in letzter Konsequenz zu einer höheren Anfälligkeit für Herzinfarkt und Schlaganfall. Eine kurzfristige Stressreaktion erhöht die Aufmerksamkeit. Dauerstress hingegen schwächt Gedächtnis und Konzentrationsvermögen. Daueranspannung führt zu Muskel- und Rückenschmerzen. Herz-Kreislauf-Erkrankungen, chronische Rückenschmerzen, erhöhte Infektanfälligkeit, Autoimmunkrankheiten, Tinnitus – und eben auch Depressionen sieht man inzwischen als Folge von Dauerstress.

Die gesundheitsschädlichen Folgen des »allostatic overload« zeigen sehr deutlich: Unser Stressbewältigungsrepertoire ist für Dauerstress nicht geeignet. Es entwickelte sich im Laufe der menschlichen Evolution vielmehr als ein System, das auf akute Stressoren und kurze Stressphasen ausgelegt ist. In der Entwicklungsgeschichte des Menschen war das auch sehr sinnvoll. Die lebensbedrohlichen Gefahren, mit denen unsere Vorfahren leben mussten, waren Tierangriffe oder gefährliche Naturereignisse – und diese Situationen waren eher die Ausnahme als die Regel.

Weil die Biologie immer darauf bedacht ist, mit Energie und Ressourcen möglichst sparsam umzugehen, entwickelte sich ein Stressregelsystem, das den Körper in Sekundenschnelle in totale Alarmbereitschaft versetzt – und den Menschen nach bewältigter Herausforderung zum Ausruhen und Kräftesammeln anregt. War der Büffel erlegt, setzte man sich ans Feuer und ruhte sich aus. Der Anspannung folgt eine Phase der Entspannung. Heute ist das anders.

Gewohnte Zustände: Dauerstress am Arbeitsplatz

Zwar müssen wir nicht laufend Angreifer in die Flucht schlagen, wilde Tiere jagen oder lebensbedrohliche Naturereignisse meistern, trotzdem ist der Alltag von vielen Menschen durch Dauerstress bestimmt. Dabei ist der Job zur Stressquelle Nummer eins geworden. Für viele ist ein ganz normaler Arbeitstag voll gepackt mit Dutzenden von Stressoren wie Termindruck, Streit mit Kollegen oder dem Chef, unzufriedenen und drängenden Kunden, immer neuen Aufgaben und vielleicht sogar Angst um den Job. Und weil das Gehirn nicht zwischen der Angst vor dem Tiger oder der Angst vor dem Chef unterscheidet, kommt die energieaufwändige Stressautomatik x-mal am Tag in Gang, mit erhöhtem Puls und Blutdruck und viel Adrenalin und Cortisol im Blut. Etliche Menschen leben in ständiger Alarmbereitschaft, sind in Kämpfe verwickelt oder auf der Flucht vor dem Stress. Zeit für Erholung gibt es kaum. Die Erschöpfung ist programmiert.

Der Stressexperte Bruce McEwen hat sich eingehend damit beschäftigt, wie Dauerstress krank macht. Er unterscheidet vier verschiedene Reaktionstypen auf Dauerstress, die auf längere Sicht zu Gesundheitsschäden führen können. Vor allem drei Typen sind für uns interessant. Denn durch die Analyse des eigenen Verhaltens können wir viel dazu beitragen, den Stresspegel wieder zu senken.

Welcher Stresstyp sind Sie?

Den ersten Typus könnte man als einen Menschen bezeichnen, der »jeden Tag einen neuen Stressor braucht«. Täglich neue Stresssituationen und die damit verbundene hohe Stressfrequenz überlasten schließlich Seele und Körper, auch wenn es zwischendurch zu kurzen Erholungsphasen kommt. Georg B., der nachts vor Panik erwacht, ist so ein Fall. Ständig hat er ein neues Projekt, eine neue Herausforderung, einen neuen Schritt auf der Karriereleiter zu bewältigen. Ruhige Zeiten hat er sich seit dem Studium nicht mehr gegönnt. Und gleichzeitig versucht er, es seinen Vorgesetzten recht zu machen, jedes Projekt perfekt abzuschließen und alles unter Kontrolle zu halten. Grenzen setzen, vielleicht auch einmal auf eine neue Aufgabe verzichten, das fällt ihm schwer (mehr dazu im Kapitel 5).

Unter dem Blickwinkel des Arbeitsplatzes kann man sich leicht vorstellen, dass gerade die Arbeitnehmer unter dieser Art von Dauerstress leiden, deren Unternehmen sich in einem Anpassungs- oder Umstrukturierungsprozess befindet und die neben ihrem täglichen Aufgabengebiet laufend in neuen Projekten mitarbeiten müssen und damit immer wieder in anderen Arbeitsteams. Oder Menschen, die immer nur kurzfristige Arbeitsverträge haben. Aber auch diejenigen, die zu ihrer Selbstbestätigung immer neue Aufgaben benötigen und die von sich selbst ständige Veränderung fordern, können in diese Art von Dauerstress-Kreislauf geraten.

Der zweite Typus beschreibt einen Menschen, der sich nicht an einen immer wiederkehrenden Stressor gewöhnen kann. Wie die Motte immer wieder ins Licht fliegt, geht er immer wieder beim gleichen Stressor hoch. Vielleicht könnte man ihn als »mit dem Stressor verstrickt« bezeichnen. Normalerweise reagiert der Mensch auf einen Stressor bei der ersten Begegnung besonders stark – kennt er die Gefahr oder Belastung schon, wird seine Stressreaktion mit der Zeit schwächer. Wir lernen mit der Gefahr umzugehen. Gewöhnt man sich nicht an die Gefahr, sondern erlebt in immer wieder derselben Situation die maximale Stressreaktion, ist das extrem ungesund. Man kann sich gut den Mitarbeiter vorstellen, der sich immer wieder aufs Neue maßlos über seinen Chef ärgert.

Es kommt dabei zu einer Kollusion, einer Art »Zusammenspiel« zwischen dem Mitarbeiter und seinem Chef, das unter der realen Ebene der Arbeitsbeziehung auch unbewusste Wurzeln haben kann. Unbewusst ist »der Gestresste« vielleicht in einen ungelösten Machtkampf mit seinem Vater verstrickt, den er auf den Chef überträgt. Aber auch Beschäftigte, die gemobbt werden und immer wieder neuen Angriffen ausgesetzt sind, können dieses Stressmuster zeigen. Oder ein sehr ängstlicher, unsicherer Mensch, der am Arbeitsplatz unbewusst Sicherheit sucht und den jede Veränderung im Job aufs Neue zutiefst erschreckt und stresst.

Den dritten Typus könnte man den, »der den Stress nicht abschalten kann«, nennen. Der Stressor ist schon längst verschwunden – aber die Stressreaktion der Person läuft trotzdem noch auf Hochtouren. Ebenfalls eine ungesunde Reaktion. Denn sinnvoll ist zwar das schnelle Anschalten der Stressreaktion, aber ein hohes Aktivierungspotenzial ohne äußeren Grund ist sehr »kostspielig«. Wer kennt nicht Menschen, die noch Stunden nach einem Streit mit dem Chef extrem aufgeregt sind, oder Menschen, die sich tagelang über eine Kritik ärgern? Hierzu zählen oft kränkbare Menschen mit einem labilen Selbstwertsystem, die durch Zurückweisungen, Kritik oder einfach nur durch das Gefühl mangelnder Anerkennung extrem kränkbar und narzisstisch verwundbar sind.

Wir wissen heute, dass Stress keine objektive Belastung ist, die man mit einer geeigneten Apparatur messen kann. Ganz im Gegenteil. Stress ist eine höchst subjektive Empfindung. Er entsteht infolge einer dynamischen Beziehung zwischen der Person und den äußeren Ereignissen oder inneren Anforderungen (Zielen, Werten, Programmen), schreiben der Pädagoge Marcel Allenspach und die Psychologin Andrea Brechbühler in ihrem Buch über *Stress am Arbeitsplatz*,[3] für das sie eine Vielzahl von aktuellen Studien auf ihre Aussagekraft für den Arbeitsalltag untersucht haben. Die Autoren kommen zu dem Schluss: Stress am Arbeitsplatz entsteht besonders dann, wenn die Anforderungen hoch und die persönlichen Bewältigungskompetenzen gering sind und zudem Erfolg oder Misserfolg von großer Bedeutung sind. Ein Ereignis oder eine Situation wird dann als Stressor erlebt, wenn die eigenen Bewältigungsmöglichkeiten hinter der Anforderung zurückbleiben. Entscheidend für die Gewichtung von Stressoren ist also das Verhältnis von Anforderung und Bewältigungsmöglichkeit. Und dieses Verhältnis wird maßgeblich von dem Gefühl beeinflusst, die Situation kontrollieren zu können.

Es hängt dabei von vielen Faktoren ab, ob man das Gefühl hat, seine Arbeitssituation bewältigen zu können und unter Kontrolle zu haben. Zum einen natürlich von der persönlichen Eignung und Qualifikation. Zum anderen aber auch vom persönlichen Entscheidungsspielraum und von der Möglichkeit, seine eigenen Fähigkeiten im Job einbringen zu können. Und schließlich ist es entscheidend, ob man sich vom Arbeitgeber fair behandelt und bezahlt fühlt, ob die Möglichkeit zur Weiterbildung besteht und der Chef über genügend Kompetenz verfügt. In Kapitel 1 haben wir relevante Aspekte anhand des Anforderungs-Kontroll-Modells sowie des Modells der Gratifikationskrisen näher beschrieben.

Die individuelle Persönlichkeit jedes Einzelnen und seine Möglichkeiten der Stressbewältigung sowie die äußeren Gegebenheiten des Arbeitsplatzes ergeben von Arbeitnehmer zu Arbeitnehmer ein sehr unterschiedliches Bild – und nur das Zusammenspiel beider Komponenten kann erklären, warum Menschen so unterschiedlich auf schwierige Situationen im Job oder große Arbeitslast reagieren.

Welcher Jobstress schlägt auf die Psyche?

In gewisser Weise hinkt die Forschung der schnellen Entwicklung in der Arbeitswelt immer hinterher. Schließlich können die Ursachen für bestimmte Beschwerden erst untersucht werden, wenn sie als solche auch erkannt sind.

Der bereits in der Einleitung zitierte DAK-Gesundheitsreport 2005, der sich im Schwerpunkt mit psychischen Erkrankungen beschäftigt, versuchte deshalb durch eine Expertenbefragung einen Überblick über die aktuelle Diskussion darzustellen. Besonders auffällig war dabei die große Bedeutung der Qualität emotionaler und sozialer Beziehungen am Arbeitsplatz, die einige Experten maßgeblich für den Stresspegel in einer Firma verantwortlich machten: »Mitarbeiter mit arbeitsbezogenen psychischen Problemen berichten ganz dominierend über zwischenmenschliche Probleme im Arbeitsleben«, weiß beispielsweise Dr. med. Joachim Stork von der AUDI AG in Ingolstadt. Und Dr. med. Hanno Irle von der Versicherungsanstalt für Angestellte, Berlin, ist der Meinung, dass die moderne Dienstleistungsgesellschaft mit »erhöhten psychomentalen Anforderungen, größerer Flexibilität und dem Bedarf nach ›soft skills‹ verbunden« ist, »so dass sich hier ein erhöhtes Konfliktpotenzial im psychosozialen Bereich ergibt (Erschöpfung, Mobbing, Stress, Depressivität, Überforderung).«[4]

Andere befragte Experten betonen, dass nicht allein die steigenden psychosozialen Anforderungen im Job die Menschen krank machen können, sondern dass uns der gleichzeitige Wegfall sozialer Strukturen in der Gesellschaft anfälliger für Stresserkrankungen macht. Denn ein intaktes soziales Umfeld im Privatleben, sei es die Familie oder ein stabiler Freundeskreis, gelten als effektive »Entstresser«: »Die großen gesellschaftlichen und wirtschaftlichen Entwicklungen führen zu entfremdeten Beziehungen. Die Folgen sind der Verlust an materieller und statusbedingter Sicherheit, weniger Halt in persönlichen, religiösen und spirituellen Glaubenssystemen. Depressionen, Angststörungen und Anpassungsstörungen können als Reaktion hierauf gesehen werden«, meint Dr. med. Natalie Lotzmann von der SAP AG, Walldorf.[5]

Zu den schon bekannten Ursachen für Stress, wie hohe Arbeitsdichte, geringer Entscheidungsspielraum und Angst um den Job, tritt in der modernen Dienstleistungsgesellschaft also immer mehr eine Stresskomponente, die durch soziale Faktoren gekennzeichnet ist. Sei es, dass der Stress mit den Arbeitskollegen zunimmt, oder sei es, dass viele Menschen einfach dünnhäutiger sind, weil ihre privaten sozialen Netze nicht mehr halten.

Gleich, welche Faktoren man für besonders gravierend hält – oder ob man manche für überschätzt hält –, sicher ist, dass die moderne, flexible Dienstleistungsgesellschaft immer häufiger Arbeitsbedingungen schafft, die unsere psychischen Funktionen fordert und unter Daueranspannung setzt: Immer mehr Mitarbeiter haben direkten Kundenkontakt oder arbeiten in Teams und müssen deshalb vermehrt soziale Kompetenzen zeigen. Neue Jobs wie Callcenter-Agent zeichnen sich gleichzeitig durch einen sehr geringen Handlungsspielraum aus – sie gelten als ähnlich monoton wie die frühere Fließbandarbeit. Die Mobilität vieler Arbeitnehmer verhindert stabile soziale Beziehungen und damit ein langfristig tragfähiges emotionales Netz.

Zugleich hält die Unterstützung von Seiten der Unternehmen, beispielsweise in Form von optimierten Arbeitsstrukturen oder durch ein modernes Gesundheitsmanagement, mit dieser Entwicklung nicht Schritt, wie wir in Kapitel 6 noch detailliert zeigen werden.

Der Effekt: Immer mehr Menschen fühlen sich von einem oder mehreren Aspekten ihrer Arbeit überfordert und gestresst.[6] Letztlich stehen sie unter krank machendem Dauerstress. Der amerikanische Soziologe Richard Sennett beschrieb diese Überforderung vieler Menschen durch die moderne Arbeitswelt 1998 anhand von Fallbeispielen und Studien für Amerika – inzwischen ist diese Entwicklung längst in Deutschland angekommen.[7]

Tückisch: Der unbemerkte Stress

Verschärfend kommt hinzu, dass wir häufig nicht einmal bewusst merken, welche Arbeitssituationen oder -konstellationen uns überfordern und stressen. Der Dauerstress wirkt sozusagen auf unbewusster Ebene und wir werden uns erst gewahr, dass etwas nicht stimmt, wenn wir schon so krank sind, dass wir einen Arzt aufsuchen müssen.

Das zeigte der Psychiater und Neurologe David Servan-Schreiber eindrücklich mit einem kleinen Experiment an einem seiner Patienten.[8] Charles, ein 40-jähriger Kaufhausdirektor, litt seit Monaten an Anfällen von starkem Herzklopfen, die ihn schon ein paar Mal in die Notaufnahme des Krankenhauses getrieben hatten, weil er dachte, er hätte einen Herzinfarkt. Seinen Job empfand Charles als normal stressig, »nicht anstrengender als anderswo«. Aus Angst vor einem Herzinfarkt hatte Charles bereits den Sport aufgegeben und eine ganze Reihe Kardiologen konsultiert. Keiner hatte eine Krankheit feststellen können. Charles' Sorgen konnten sie jedoch nicht zerstreuen. Deshalb suchte er schließlich den Psychiater Servan-Schreiber auf. Dieser schlug dem Kaufhausdirektor ein Experiment vor: Er sollte 24 Stunden lang einen Herzrhythmusschreiber tragen, um die Schwankungen seines Herzrhythmus zu dokumentieren. Gleichzeitig sollte er alle Tätigkeiten des Tages notieren, um eventuelle Zusammenhänge zwischen dem Herzklopfen und Erlebnissen des Tages feststellen zu können. Die Auswertung zeigte, dass Charles' Herzschlag vor allem während des Arbeitstages mehrmals sehr schnell und chaotisch wurde. Bei der Auswer-

Schreckgespenst Stress

tung der Daten stellte sich heraus, dass der stärkste Anfall von Herzklopfen unmittelbar nach einem Gespräch mit seinem Chef einsetzte, der seinen Entwurf zur Entwicklungsstrategie – wie so häufig – geringschätzig abqualifizierte. Beim zweiten Anfall konnte sich Charles erst gar nicht an einen Auslöser erinnern. Nach einigem Nachdenken schließlich fiel ihm ein, dass ihm sein Marketingdirektor bei einem Meeting in einem Nebensatz gesagt hatte, dass die Themen seines Kataloges nicht zum neuen Image des Kaufhauses passen würden.

Erst durch die gemeinsame Analyse wurde Charles bewusst, dass sein Herzklopfen und die darauf folgende Erschöpfung eine Reaktion auf die ständigen Querelen im Job waren. In den folgenden Monaten lernte er zum einen mit Konzentrationsübungen seinen Herzschlag zu kontrollieren (Kohärenztraining) und so Herzklopfattacken sozusagen im Keim zu ersticken. Zum anderen übte er sich in einem bewussten und proaktiven Umgang mit Konflikten. Das Ergebnis erstaunte den Patienten sehr: Nach zwei Monaten waren die chaotischen »Herzanfälle« verschwunden und damit auch Charles' Angst vor einem plötzlichen Herztod. Häufig konnte er seinem Chef sogar entgegentreten und den Konflikten die Schärfe nehmen. Er fühlte sich wieder gesund und leistungsfähig. Charles hatte seinen größten Energieräuber entlarvt und eliminiert. »Es scheint in der Tat zu genügen, nutzlosen Energieverlust zu vermeiden, um eine natürliche Vitalität wiederzuerlangen«, folgert der Psychiater David Servan-Schreiber aus Charles' Geschichte und vielen anderen Untersuchungen. Dabei hatte Charles nicht nur sein Wohlbefinden zurückerlangt. Gleichzeitig hatte er eine schädliche Dauerbelastung seines Organismus gestoppt, die ihn auf Dauer wahrscheinlich wirklich organisch krank gemacht hätte.

Charles hat den Sprung aus der Stressspirale geschafft. Er hat gelernt, seine Stressreaktion bewusst zu kontrollieren und viele Stressoren gar nicht erst auf sich zukommen zu lassen. Für Charles ist das Hören auf sein Herz der Weg zu den Ursachen seiner Erschöpfung gewesen. Bei anderen Menschen sind es andere Symptome und Befindlichkeiten, die darauf hinweisen, auf welche Stressoren man besonders empfindlich reagiert – und wie gestresst man bereits ist. In Kapitel 4 wollen wir die Dynamik und die verschiedenen Symptome der fortschreitenden Erschöpfung anhand der so genannten Erschöpfungsspirale genauer darstellen.

An diesem Punkt scheint auch ein Seitenblick zu den Phänomenen Burn-out und Mobbing angezeigt, denn beide Begriffe werden häufig in Zusammenhang mit Stress am Arbeitsplatz und den modernen Arbeitsbedingungen der Dienstleistungsgesellschaft gebracht – ebenso wie die Erschöpfungs- oder Stressdepression.

Ausgebrannt? Das Burn-out-Syndrom

Viele Menschen fühlen sich von der Belastung in ihrem Beruf ausgebrannt. Laut einer Emnid-Umfrage fühlen sich 25 Prozent der Erwerbstätigen, also fast neun Millionen Menschen, durch ihren Job »verschlissen und erschöpft«.[9] Häufig diagnostizieren sie sich selbst einen »Burn-out«, denn der Begriff ist umgangssprachlich so gut eingeführt, dass fast jeder ihn kennt und verwendet. Burn-out gilt dabei als Krankheit der Engagierten und Leistungsstarken. Das mag auch der Grund dafür sein, dass es vielen Menschen, die die klar definierten Symptome einer manifesten Depression aufweisen, leichter fällt, von einem Burn-out als von einer Depression zu sprechen.

Interessant ist in diesem Zusammenhang auch, dass es für den Begriff Burn-out – trotz aller Popularität – bis heute keine klare wissenschaftliche Definition gibt und das Burn-out-Syndrom in den gängigen Diagnosemanualen der Psychiater und Psychologen nicht definiert ist. Somit ist Burn-out kein offiziell anerkanntes Krankheitsbild mit eindeutig definierten

Symptomen. Selbst in der Forschung über Burn-out finden sich viele verschiedene Erklärungsansätze.

Allgemein wird Burn-out heute beschrieben als »ein Prozess des Ausbrennens, der geprägt ist von starker körperlicher und/oder psychischer Erschöpfung, von Negativismus und Zynismus gegenüber sich selbst, seinen Mitmenschen und der eigenen Arbeit – und von einem Gefühl von Sinnlosigkeit und Ineffektivität«.[10] Der Begriff Prozess deutet dabei bereits an, dass ein Burn-out nicht plötzlich auftritt, sondern sich langsam, häufig über einen Zeitraum von Jahren, entwickelt.

Zunächst wurde das Burn-out-Syndrom als Ausdruck der emotionalen und energetischen Erschöpfung bei Mitarbeitern aus helfenden sozialen und pflegenden Berufen (Pflege- und Helferberufe) von dem Psychoanalytiker Herbert Freudenberger beschrieben. Er hatte sich selbst durch sein großes Engagement als Analytiker und ehrenamtlicher Seelsorger in eine totale Erschöpfung manövriert und bezeichnete diesen Zustand als Burn-out. 1974 beschrieb er das Burn-out-Syndrom als »Erschöpfung der Energiereserven, die von Vertretern der helfenden Berufe empfunden wird, wenn sie sich von den Problemen anderer überfordert fühlen«.[11] Freudenberger machte den Begriff extrem populär – und prägte insofern seinen Gebrauch. Burn-out passte auch sehr gut in die 70er-Jahre nach der Studentenrevolte, in eine Zeit, in der soziale Berufe besonders hoch angesehen waren und viele junge Menschen sich mit hohem Idealismus in helfenden und sozialen Bereichen engagierten.

Lange Zeit galten dementsprechend vor allem Menschen in der Sozialarbeit und Kranken- und Altenpflege sowie LehrerInnen und ÄrztInnen als von Burn-out besonders gefährdet: Menschen also, die an und mit Schülern, Klienten, Patienten, Pflegebedürftigen und Behinderten arbeiten und sich auf eine bestimmte Weise um diese kümmern.

Inzwischen sind Experten wie der Burn-out-Forscher Matthias Burisch allerdings davon überzeugt, dass jeder

Mensch in jedem Beruf ein Burn-out-Syndrom entwickeln kann, wenn bestimmte Voraussetzungen gegeben sind.[12] Denn letztlich scheint es entgegen Freudenbergers ursprünglicher Überzeugung für die Entwicklung eines Burn-out nicht ausschlaggebend zu sein, *welchen* Job man macht, sondern vor allem *wie*, mit welcher Haltung, mit welchen inneren Motivationen und Blockaden man in seiner Arbeitswelt steht.

Für diese umfassendere Definition von Burn-out spricht auch, dass das Ausbrennen bei weitem keine aktuelle Erscheinung ist, die mit den modernen Hilfs- und Pflegeberufen entstand. Schon in der Bibel verfällt der Prophet Elias nach einer erfolgreichen Zeit angesichts einer drohenden Niederlage in eine so tiefe Verzweiflung, dass er sich den Tod herbeiwünscht. Und wer in der Literatur forscht, erkennt bei Romanfiguren wie dem Senator Thomas Buddenbrook (Thomas Mann) oder dem Genie Querry (Graham Greene) Menschen, die sich ausgebrannt fühlen und auf einem Burn-out-Fragebogen bestimmt hohe Kennziffern erreichen würden.[13]

Burn-out-Typen

Vor allem der Burn-out-Forscher Matthias Burisch hat sich die Mühe gemacht, Burn-out-Fälle auf Gemeinsamkeiten und Unterschiede hin zu beleuchten. Dabei stellte er fest, dass es ganz offensichtlich verschiedene Burn-out-Typen gibt, die sich aufgrund ihrer Persönlichkeitseigenschaften unterscheiden lassen.[14]

Grob verallgemeinert sind es zwei Typen von Menschen, die besonders Burn-out-gefährdet sind: Auf der einen Seite steht »der aktive Typ«. Herbert Freudenberger spricht hier von dynamischen, charismatischen und zielstrebigen Menschen, die sich voll und ganz für eine Sache einsetzen und innerlich daran beteiligt sind. Matthias Burisch nennt sie die »Selbstverbrenner«, die nicht nein zu sich selbst sagen können und sich ihren Stress weitgehend selbst verschaffen, weil sie alle Aufgaben an sich ziehen, sich zu enge Terminpläne setzen und überall dabei sein müssen.

Auf der anderen Seite steht »der passive Typ«, den Burisch die »Verschlissenen« nennt und die die Burn-out-Forscherin Christina Maslach[15] als abhängig-passive Menschen mit geringem oder ohne Selbstvertrauen und Ehrgeiz beschreibt, die nicht nein zu anderen sagen können und die weder klar definierte Zielvorstellungen haben noch das erforderliche Maß an Entschlossenheit und Selbstsicherheit, um eigene Ziele zu erreichen.

Aus dieser aktiven oder passiven Grundhaltung allein entsteht natürlich noch kein Burn-out. Matthias Burisch beobachtete in seiner langjährigen Beratung, dass die Menschen, die mit der Selbstdiagnose Burn-out Hilfe bei ihm suchten, in einer typischen »Fallensituation« steckten, die meist schon sehr lange andauerte. »Diese Menschen sind entweder blockiert bei der Verfolgung eines unerreichbaren Zieles, das sie gleichwohl nicht fallen lassen oder bescheidener definieren können. Oder sie verharren in einer subjektiv schwer erträglichen Situation, bei deren Veränderung sie gescheitert sind; der Preis für Aufbruch und Neuanfang an anderer Stelle scheint unbezahlbar hoch.«[16]

Als den typischen »Blockierten« beschreibt Burisch beispielsweise die Forscherin, die sich an einem unlösbaren Problem die Zähne ausbeißt. Oder den Abteilungsleiter, der ein chaotisches Team in den Griff bekommen soll, von dieser Aufgabe aber völlig überfordert ist. Oder den Lehrer, der sich an nicht veränderbaren Gegebenheiten in der Schule aufreibt. Als typischen »Gefangenen« sieht er beispielsweise Menschen, die viel zu spät merken, dass sie den falschen Beruf ergriffen haben. Etwa die Krankenschwester, die zu konfliktscheu und dünnhäutig für die Anforderungen in ihrem Job ist. Oder den Journalisten, dessen Perfektionismus ihn zehnmal länger an einem Manuskript sitzen lässt, als nötig wäre. Auch der Vorgesetzte, dem die Neigung und die soziale Kompetenz zur Mitarbeiterführung fehlen, ist ein Kandidat für einen Burn-out. Natürlich könnten alle aus der Situation aussteigen, aber das scheint ihnen aus verschiedenen Gründen unmöglich.

Wie bereits erwähnt, entwickelt sich Burn-out nicht von heute auf morgen. Vielmehr gibt es mehrere Stufen, die durch verschiedene Beeinträchtigungen von Körper und Seele gekennzeichnet sind. Oft entwickelt sich ein Burn-out über Jahre. Und viele Menschen haben aufgrund von anstrengenden beruflichen Situationen schon einmal die Anfangsphasen eines Burn-out erlebt.

Typische Warnsignale der Anfangsphase sind nach Burisch ein noch verstärktes Engagement für die Ziele – bei bereits bestehender Erschöpfung. Eine Hyperaktivität macht sich breit, mit der Anstrengung und Enttäuschung noch einmal erfolgreich verdrängt werden. In der zweiten Phase des Burn-out-Prozesses reduziert der Betroffene dann jedoch sein Engagement für die Klienten oder Patienten, für den Arbeitgeber und auch für andere Menschen in seinem privaten Lebensumfeld. Die positiven Gefühle für die Klienten und für die eigene Arbeit gehen verloren. Oft macht sich Zynismus breit und die Arbeitsmotivation sinkt so stark, dass sich die Fehlzeiten erhöhen. Zugleich steigen die Ansprüche und Erwartungen an Arbeitskollegen und Arbeitgeber und an Familie und Freundeskreis. Der Eindruck, ausgebeutet zu werden, macht sich breit, und häufig treten Konflikte mit dem Partner auf. Auf der dritten Stufe des Burn-out treten emotionale Reaktionen in Form von Reizbarkeit und Aggressivität oder auch in Form von Niedergeschlagenheit bis hin zu Suizidgedanken auf. Auf der vierten Stufe kommt es zu einer deutlichen Einbuße der kognitiven Leistungsfähigkeit, von Motivation und Kreativität. Dienst nach Vorschrift ist die Folge oder auch völlige Desorganisation. In der fünften Phase reagieren die Betroffenen mit einer Verflachung ihres emotionalen, sozialen und geistigen Lebens. Sie fühlen sich gleichgültig, vermeiden informelle Kontakte, möchten nicht mehr über ihre Arbeit sprechen und geben häufig auch ihre privaten Interessen auf. Die sechste Stufe des Burn-out ist gekennzeichnet von psychosomatischen Reaktionen wie Schmerzen und Magenproblemen. Auf der siebten und letzten Stufe überkommt die Betroffenen ein allgemeines Gefühl der Sinnlosigkeit. Existenzielle Verzweiflung und Suizidabsichten sind häufig.

Zusammenhänge zwischen Burn-out und Depression

Diese stufenweise Beschreibung der Burn-out-Symptome macht deutlich, wie viele Überschneidungen es zwischen Burn-out und Depression gibt: beispielsweise Antriebsmangel, Energieverlust, Motivationsverlust, körperliche Beschwerden, niedergedrückte und verzweifelte Stimmung bis hin zu Suizidgedanken. Was Burn-out und Depression auf den ersten Blick unterscheidet, ist allerdings, dass die Beschreibung der verschiedenen Stufen des Burn-out immer an die Arbeitsleistung und das Arbeitsengagement gekoppelt sind. Außerdem wird die Entwicklung eines Burn-out immer in Verbindung mit bestimmten Persönlichkeitsmerkmalen wie etwa dem aktiven oder passiven Typ gesehen. Das Burn-out-Syndrom entwickelt sich also aus dem Zusammentreffen bestimmter Persönlichkeitsmerkmale mit einem bestimmten Arbeits- oder Berufsfeld.

Schikane am Arbeitsplatz: Mobbing

Der Begriff Mobbing bezieht sich im Gegensatz zum Burn-out weniger auf eine spezifisch helfende Berufssituation, sondern vielmehr auf eine besondere Konfliktsituation am Arbeitsplatz, die durch Täter-Opfer-Beziehungen gekennzeichnet ist.

Schikane am Arbeitsplatz: Mobbing

Die *Symptome*, die Mobbing-Opfer zeigen, sind dagegen den Symptomen eines Burn-out und einer Depression wiederum durchaus ähnlich.

Der Begriff Mobbing kommt aus dem Englischen: to mob = »herfallen, sich stürzen auf«. Mobbing bedeutet, dass ein Arbeitnehmer am Arbeitsplatz durch Kollegen oder Vorgesetzte schikaniert, ausgegrenzt und/oder beleidigt wird. Das Mobbing-Opfer erlebt sich dabei den Schikanierern unterlegen und kann sich deshalb aus seiner Sicht heraus nicht gegen die Angriffe wehren. Von Mobbing spricht man, wenn diese Angriffe mindestens einmal pro Woche und über die Dauer von mindestens einem halben Jahr auftreten. Es wird geschätzt, dass zwischen 1,2 bis 3,5 Prozent aller Arbeitnehmer von Mobbing betroffen sind, also zwischen 400 000 und zwei Millionen Menschen, vor allem in den Bereichen Gesundheit, Erziehung und Verwaltung.[17]

Wie findet Mobbing statt? Beispielsweise durch Entzug von Entscheidungskompetenzen. Durch die soziale Isolierung des Betroffenen in der Arbeitsgruppe. Durch persönliche Angriffe, durch Witze und abfällige Bemerkungen. Auch verbale Drohungen bis hin zu Androhungen oder Ausübung von körperlicher Gewalt können zum Mobbing gehören. In vielen deutschsprachigen Studien wird besonders häufig die »Gerüchteküche« als eine Mobbing-Strategie zitiert.[18]

In Betrieben werden fünf Phasen des Mobbings unterschieden. Am Anfang steht meist ein Konflikt zwischen Vorgesetztem und Arbeitnehmer oder unter Kollegen. Dieser wird nicht befriedigend gelöst. In der zweiten Phase kommt es zum Mobbing mit dem entsprechenden »Psychoterror« und den entsprechenden Reaktionen des Gemobbten, der sich ungerecht behandelt fühlt, ohne dass ihm klar ist, was passiert. Darauf werden in der dritten Phase arbeitsrechtliche Maßnahmen von Seiten des Vorgesetzten angedroht oder unternommen, beispielsweise Abmahnungen. In Phase vier wendet sich das Mobbing-Opfer oft mit körperlichen Symptomen wie

Kopf- oder Rückenschmerzen, Ängsten und Schlafstörungen an einen Arzt oder Psychologen, wobei die Ursache der Beschwerden vom Arzt oft nicht erkannt und vom Mobbing-Opfer auch nicht benannt wird. In der fünften Phase kommt es zu arbeitsrechtlichen Auseinandersetzungen, die häufig zur Beendigung des Arbeitsverhältnisses führen. Am Ende einer Mobbing-Attacke steht somit nicht selten die soziale Vernichtung des Mobbing-Opfers durch Arbeitslosigkeit und Rufmord.

Verheerend für Menschen, die von Mobbing betroffen sind, ist, dass ihnen am Anfang häufig gar nicht klar ist, was mit ihnen passiert. Sie sind verwirrt, fühlen sich vielleicht auch mitschuldig. So verstreicht die Möglichkeit der frühen Klärung und Intervention gegen das Mobbing. Auch im weiteren Verlauf kann der Gemobbte oft nicht glauben, was da passiert. Ein Katz-und-Maus-Spiel läuft. Und Außenstehende können ebenfalls nicht glauben, was da vor sich geht. Das Mobbing-Opfer steht allein da.[19]

Als Folge von lang anhaltendem Mobbing klagen Betroffene über Anspannung, Kopfschmerzen, Schlafstörungen, Angst, Aggressivität, zwanghaftes Verhalten etc. Besonders am Ende einer langjährigen Mobbing-Attacke zeigen viele Betroffene deutliche Symptome einer Depression. Nicht wenige greifen unter dem Druck zu Alkohol und Drogen.

Wie beim Burn-out können gewisse Persönlichkeitsfaktoren Mobbing fördern. Das sind Rigidität, Unnachgiebigkeit und ein zwanghaftes Festhalten an der eigenen Position. Menschen mit geringem Selbstwertgefühl und geringer sozialer Kompetenz oder Menschen mit einem überhöhten Selbstbewusstsein und einem Gefühl moralischer Überlegenheit scheinen besonders häufig von Mobbing betroffen zu sein, zeigen Studien.[20]

Die Motivation bei den Tätern lässt sich nach Zapf in drei Kategorien einteilen. Oft handelt es sich um eine »inoffizielle Personalarbeit«. Das bedeutet, ein Vorgesetzter oder ein Team will einen Mitarbeiter aus seinem Bereich hinausdrängen. In anderen Fällen missbraucht dagegen der Täter das Mobbing-Opfer, um seinen eigenen Selbstwert zu stabilisieren, er braucht immer wieder einen Sündenbock, um selbst gut dazustehen. Es gibt aber auch den Fall, dass Mobbing in gewisser Weise unbeabsichtigt entsteht: wenn ein Vorgesetzter oder ein Arbeitsteam Ärger mit einem Mitarbeiter und Kollegen viel zu lange erträgt, bis das Fass zum Überlaufen kommt. Mobbing mit Ausgrenzung und Schikane ist dann eine Art Überreaktion der Gruppe aufgrund des aufgestauten Ärgers.[21]

Die Wahrscheinlichkeit für Mobbing steigt mit bestimmten Arbeitsbedingungen: Geringe Entscheidungskompetenz, widersprüchliche Arbeitsorganisation, stressreiche Arbeitsbedingungen und fehlende Unterstützung durch die Führung können das Auftreten von Mobbing-Situationen am Arbeitsplatz fördern.

Mobbing, Burn-out und die Erschöpfungsdynamik

Auffällig bei allen drei Phänomenen ist, dass ihre seelischen und körperlichen Folgen wie Schlafstörungen, Schmerzen, Aggressivität und Niedergeschlagenheit vor allem in den fortgeschrittenen Phasen ähnlich sind. Im Endstadium führen Burn-out und Mobbing in eine manifeste Depression. Der Schluss liegt deshalb nahe, dass bei allen drei Teufelskreisen ähnliche krank machende Parameter auf Körper und Geist wirken.

Tatsächlich gilt für immer mehr Forscher Dauerstress als eigentliche Ursache für die körperlichen und seelischen Erkrankungen, die durch Mobbing oder ein Burn-out entstehen können.[22]

Der Unterschied liegt vor allem in den Ursachen für diesen Dauerstress. Beim Burn-out liegt die Betonung auf dem emotionalen Ausbrennen. Dauerstress und Erschöpfung entstehen im Spannungsfeld zwischen dem eigenen Anspruch und fehlender Abgrenzungsfähigkeit. Aus diesem Grund hat auch der Begriff des Helfersyndroms in der Entstehung von Burn-out eine große Bedeutung. Fehlende Abgrenzung und sehr hohe Ideale führen beispielsweise die Ärztin oder den Krankenpfleger in den Burn-out.

Mobbing liegt dagegen meist ein Konflikt im Sinne einer Täter-Opfer-Beziehung zugrunde. Und häufig sind Menschen betroffen, die sich durch einen Hang zum zwanghaften Festhalten an Dingen, eine gewisse Unnachgiebigkeit, geringen Selbstwert oder im Gegenteil durch Selbstgerechtigkeit auszeichnen.

Stress als übergeordnetes und unspezifischeres Konzept entsteht aus einer belastenden Situation am Arbeitsplatz, wenn die Ressourcen und Bewältigungsmöglichkeiten des Einzelnen nicht mehr ausreichend sind – ganz gleich, ob die Ursache dieser Überforderung in der Persönlichkeit des Betroffenen, in der Arbeitsorganisation oder im sozialen Umfeld liegt.

Weil die Phänomene Mobbing, Burn-out und Erschöpfung trotz ihrer Unterschiedlichkeit über den Dauerstress verbunden sind, möchten wir sie unter dem Begriff der Erschöpfungsdynamik zusammenfassen und beleuchten (siehe Kapitel 4). Demnach können sowohl überzogenes Engagement für eine berufliche Aufgabe (Burn-out) als auch die Ausgrenzung und Schikane am Arbeitsplatz (Mobbing) und andere ungünstige Umstände im Arbeitsalltag, wie zum Beispiel ständiger Zeitdruck, zu Dauerstress führen und auf diesem Wege zu Erschöpfung und ernsthaften körperlichen und seelischen Erkrankungen. Im schlimmsten Fall enden alle Teufelskreise in einer Depression, einem Herzinfarkt oder einer anderen gravierenden Stresskrankheit.

Exkurs 3

Stresstypen und Teufelskreise: Warum Menschen unterschiedlich auf Stress reagieren

Sind wir alle gleich anfällig für Dauerstress und die Erschöpfungsspirale? Diese Frage muss auf der Grundlage von Ergebnissen der Stressforschung und der psychotherapeutischen Forschung eindeutig verneint werden.[1]

Traumatische und dauerhaft belastende Erlebnisse und Erfahrungen in der Kindheit können unser Stresssystem so prägen, dass später im Leben schon durchschnittliche Belastungen oder Stressoren eine erhebliche Stressreaktion hervorrufen. Besonders gut untersucht ist dies bei Menschen mit länger andauernden traumatischen Erfahrungen wie Verwahrlosung, Trennung von den Eltern, unberechenbarem, übergriffigem und aggressivem Verhalten der Eltern oder wenn die Eltern selbst an schweren seelischen oder Suchterkrankungen litten und keine Unterstützung erfuhren.

Aus der Stressforschung wissen wir, dass diese Menschen als Erwachsene schneller und stärker auf Stress reagieren und ihre Stressreaktion häufig auch schwerer steuerbar ist, wenn sie in bestimmte konflikthafte und belastende Situationen kommen.

Auf der neuroendokrinologischen Ebene (siehe auch Kapitel 3) lässt sich diese erhöhte Stressreaktionsbereitschaft wie folgt erklären: Durch wiederholte traumatische und belastende Situationen in der Kindheit, in denen sich das Kind ohnmächtig und ungeschützt erlebt, wird sein Stress-Hormonsystem immer wieder extrem aktiviert und schließlich so geprägt, dass eine »biologische Narbe« entsteht. Diese biologische Narbe ist natürlich untrennbar verbunden mit der seelischen Narbe, die Gewalterfahrungen in der Kindheit hervorrufen. Auf diese Weise entwickelt die betreffende Person eine durch »frühen« Stress geprägte Überempfindlichkeit ihres Stresshormonsystems.

Kompliziert wird diese durch die individuelle Erfahrung geprägte Stressreaktionsbereitschaft durch die Tatsache, dass unser inneres Stressbewältigungssystem natürlich auch durch genetische Faktoren mitbestimmt ist. Die Depressionsforschung zum Beispiel zeigt, dass ein bestimmtes Gen wie das Serotonin-Transporter-Gen (es verschlüsselt den Eiweißstoff, der für den Transport des Botenstoffes Serotonin verantwortlich ist) eine von Mensch zu Mensch unterschiedliche Funktionalität des Serotonin-Transporters vorgibt. Der Botenstoff Serotonin wird mit der Depressionsentstehung in Verbindung gebracht. Es könnte deshalb sein, dass Menschen mit einer genetisch bedingten veränderten Funktion des Serotonin-Transporters unter Belastungen oder Stress schneller in eine Depression geraten als andere.

Was auf dieser Ebene von Biologie und Umwelt naturgemäß sehr abstrakt bleibt, wird vielleicht anschaulicher, wenn wir in die psychodynamische Perspektive wechseln. Warum einige Menschen auf der Stressspirale viel schneller als andere eine manifeste Depression entwickeln, lässt sich am besten durch zwei grundlegende Mechanismen der Depressionsentstehung aus psychodynamischer Sicht erklären. Der amerikanische Psychiater Frederic N. Busch und seine Kollegen benennen zwei zentrale Mechanismen der Entstehung von Depressionen oder psychodynamischen Teufelskreisen:[2]

1. Der Teufelskreis der narzisstischen Kränkung

Im Zentrum des ersten psychodynamischen Teufelskreises, der in eine Depression führen kann, steht unsere narzisstische Verwundbarkeit, die einem geringen Selbstwertgefühl entspricht (siehe auch Einleitung und Kapitel 2) und die uns verletzbar für Zurückweisungen und Enttäuschungen macht. Der Teufelskreis beginnt mit einer wahrgenommenen Zurückweisung oder Kränkung in Beziehungen –

und dem Ärger darüber. Dieser Ärger wird innerlich aber als bedrohlich erlebt, so dass ich nicht die Stimme erhebe und mich wehre. Denn ich wünsche mir Harmonie und möchte den anderen nicht verletzen oder gar verlieren. Der Ärger wendet sich also nach innen, auf mich selbst. Meine Gedanken sind: Ich habe es falsch gemacht, ich habe Schuld. Durch diese Verinnerlichung des Ärgers schwächt sich mein Selbstwertgefühl weiter und macht mich verletzbarer für die nächste unvermeidbare Kränkung.[3]

Ein Beispiel: Vera N. leitet eine Projektgruppe, die super läuft. Sie gibt alles: Freizeit und Geist. Das Projekt ist ihr Baby. Sie hat einen hohen Anspruch an sich selbst, will es perfekt machen. Doch dann wird das Projekt gecancelt, plötzlich und einfach aus dem Grunde, weil sich die Richtung der Firma ändert. Die persönliche Kränkung von Vera N. ist groß. Sie gibt sich die Schuld und quält sich mit Selbstvorwürfen, anstatt sich umzuorientieren.

Der andere psychodynamische Mechanismus, der in eine Depression führen kann, beginnt mit einer Idealisierung und darauf folgender Enttäuschung:

2. Der Teufelskreis der Idealisierung

Auch dieser Ansatz zur Depressionsentstehung geht von einem geringen oder labilen Selbstwertgefühl aus. Als Kompensation habe ich entweder ein hohes Ich-Ideal entwickelt oder ich idealisiere andere Menschen. Ich habe also höchste und unrealistische, da kaum erfüllbare Erwartungen an mich und andere. Wenn es dann zur unvermeidbaren Enttäuschung kommt, schwingt das Pendel in die andere Richtung. Ich fühle mich jetzt ebenso unrealistisch vollständig entwertet oder entwerte den anderen komplett: Ich bin nichts wert, ich kann nichts oder der andere taugt nichts, er ist eine totale Enttäuschung.

Ein Beispiel: Frank S. wird vom Chef als »Best Buddy« aufgebaut. Frank fühlt sich geschmeichelt und gibt alles. Er fühlt sich dem Chef ganz nah und vertraut. Dann wird ein anderer Kollege mit einem wichtigen Projekt beauftragt. Obwohl Frank dieses Projekt nicht auch noch hätte übernehmen können, ist er enttäuscht, dass sein Chef ihn nicht als Ersten gefragt hat. Er befürchtet, dass der Chef ihn fallen lässt, dass er jetzt »draußen« ist. Er fühlt sich wertlos und abgrundtief enttäuscht. Er kann nur gehen.

Die Sicht der Psychodynamik erklärt die Mechanismen und Dynamiken der Erschöpfungsspirale sowie unserer individuellen Stressreaktionsbereitschaft auf einer weiteren Ebene: Während die anfänglichen Symptome der Erschöpfungsspirale, wie körperliche Beschwerden (zum Beispiel schlaflose Nächte, Rückenschmerzen oder Stresserkältungen), fast jeder kennt, sind individuelle psychologische Faktoren im Zusammenspiel mit den arbeitsplatzbezogenen Faktoren entscheidend dafür, ob jemand jahrelang auf einer bestimmten Stufe der Erschöpfungsspirale »surft« oder ob er in einem Teufelskreis der Erschöpfung landet und sehr schnell abwärts rutscht: in Richtung einer totalen Erschöpfung und Depression.

Wie Menschen auf Anforderungen und Stress reagieren, wie gut oder schlecht sie mit der Erschöpfungsspirale leben können, wird also von vielen Faktoren bestimmt: Zum einen spielt das menschliche Stresssystem, das sehr gut an kurzzeitige Stresssituationen, aber schlecht an Dauerstress angepasst ist, eine große Rolle. Aber auch die individuellen genetisch-biologischen Faktoren sowie die frühe Lebensentwicklung determinieren und prägen unser individuelles Stresssystem.

Unser Umgang mit Stress und damit mit der Erschöpfungsspirale ist also untrennbar verbunden mit unserer biografischen Entwicklung und psychodynamischen Prozessen sowie mit den realen Beziehungen und Lebensumständen im beruflichen und privaten Bereich. Auf das Zusammenspiel dieser Faktoren für eine gelungene Work-Life-Balance und darauf, was man selbst dazu beitragen kann, um mit Anforderungen und Stress gesund umzugehen, gehen wir in Kapitel 5 noch näher ein.

Kapitel 4

Die Erschöpfungsspirale

Alle fünf Jahre befragt die Europäische Stiftung zur Verbesserung der Lebens- und Arbeitsbedingungen die Arbeitnehmer Europas nach ihren Arbeitsbedingungen. Die letzten Umfrage-Ergebnisse datieren aus dem Jahr 2000.[1] Die Forscher der Europäischen Stiftung befragten jeweils 1 500 Arbeitnehmer und Selbstständige aus den 15 Mitgliedstaaten der EU. Insgesamt sammelten die Forscher von 21 000 Menschen Auskünfte über ihre aktuellen Arbeitsbedingungen. Und auch wenn die Ergebnisse der Umfrage natürlich von Land zu Land etwas unterschiedlich sind, so zeichnen sich doch allgemein gültige Trends für ganz Europa ab. Zum Beispiel, dass immer mehr Menschen unter dem Stress in ihrem Job leiden und dass immer mehr das Gefühl haben, dass ihre Arbeit ihre Gesundheit gefährdet.

Fast ein Drittel der Arbeitnehmer leidet unter dem heutigen Stress am Arbeitsplatz. Interessanterweise nehmen gerade gut qualifizierte Arbeitnehmer wie Führungskräfte (32 Prozent), Techniker (35 Prozent) und Wissenschaftler (40 Prozent) hier die Spitzenpositionen ein. Von den Bürokräften klagten »nur« 25 Prozent über Stress im Job. Und waren früher vor allem Männer die gestresste Gruppe im Arbeitsleben, so haben die Frauen inzwischen aufgeholt. Sie erleben heute

Die Erschöpfungsspirale

genauso viel Stress in ihrem Job wie die männlichen Beschäftigten. Ein Hauptgrund für den Stress ist ganz offensichtlich der ständig steigende Zeitdruck im Arbeitsleben. 60 Prozent der Befragten gaben an, häufig unter Zeitdruck zu arbeiten. 29 Prozent eigentlich immer. Das ist Stress pur.

23 Prozent der Arbeitnehmer erleben sich aufgrund der anstrengenden Arbeitsbedingungen bereits in einem Zustand der »allgemeinen Erschöpfung«. Das heißt, dass die Betroffenen durch die ständig hohen Anforderungen im Job und den damit verbundenen Dauerstress bereits sehr viel Energie verloren haben. Das Gefühl von Kraftlosigkeit beschränkt sich dabei längst nicht mehr nur auf den Job. Die Erschöpfung beeinträchtigt vielmehr das ganze Leben. Wer abends völlig erledigt nach Hause kommt, hat auch keine Energie mehr für Freunde, Familie oder Freizeitbeschäftigung. Jede freie Minute steht im Zeichen der Erholung von der anstrengenden Arbeit. Das soziale Leben liegt brach, Interessen abseits vom Pfad der Arbeit werden ebenso wenig weiterverfolgt. Das Leben verliert merklich an Qualität.

Fast nebenbei entlarvte die Umfrage auch das Märchen vom glücklichen Vollbeschäftigten. Denn Zeitarbeiter und Menschen mit befristeten Verträgen schnitten in Bezug auf die Erschöpfung nur wenige Prozentpunkte schlechter ab als Arbeitnehmer mit unbefristeten Arbeitsverhältnissen. Vor allem bei den Selbstständigen, den Wissenschaftlern, den Technikern und den Beschäftigten im Verkauf und in Dienstleistungsberufen war die Zahl der Erschöpften im Vergleich zur letzten Umfrage im Jahr 1995 deutlich angestiegen.

Erschöpfte Europäer

Erschöpfung, Stress und Schmerzen – die moderne Arbeitswelt hinterlässt deutliche Spuren. Und immer mehr Menschen werden sich dieser Zusammenhänge bewusst. 60 Prozent der Arbeitnehmer in Europa sind der Ansicht, dass sich ihre Arbeit negativ auf ihre Gesundheit auswirkt. 1995 waren es erst 57 Prozent. Am häufigsten nannten die Befragten Rückenschmerzen, Stress, allgemeine Erschöpfung und Muskelschmerzen.

Dabei gab es zwischen den Branchen nur wenige Unterschiede. Allein die Arbeiter fühlten sich gesundheitlich nicht stärker durch ihren Job beeinträchtigt als bei der letzten Umfrage im Jahr 1995.

60 Prozent der Arbeitnehmer in Europa spüren also bereits, dass ihre Arbeit über ihre Kräfte geht, sie erschöpft und schwächt. Und wahrscheinlich haben sie mehr Recht damit, als sie denken.

Auch wenn Rückenschmerzen oder das Gefühl von Stress an sich noch keine gravierenden Krankheiten sind, so gelten sie doch als Vorboten der Verausgabung. Denn wer bei den ersten Anzeichen von stressbedingter Erschöpfung nichts unternimmt, sondern weiterarbeitet wie immer, der gerät mit der Zeit in eine Art Erschöpfungsspirale und damit immer tiefer in die körperliche und seelische Erschöpfung. Im schlimmsten Fall so weit, dass alle geistigen und körperlichen Energien verbraucht sind. Am Ende steht dann der vollständige Zusammenbruch, der sich als letzte Stufe eines Burn-out-Syndroms, als manifeste Depression und schlimmstenfalls sogar mit Suizidgedanken zeigt.

Die Erschöpfungsspirale

Die Geschichte von Georg B.

Bei dem Projektmanager Georg B., den wir bereits in der Einleitung durch seine nächtlichen Panikattacken begleiteten, dauerte es drei Jahre, bis er am Ende der Erschöpfungsspirale angelangt war, und zwei weitere Jahre, bis er sich wieder gesund fühlte.

Georg B. war mit Budgetverantwortung in Millionenhöhe und internationalen Projekten betraut. Die Beförderung zum Abteilungsleiter stand kurz bevor, als die Panikattacken anfingen. Eines Nachts schreckte er plötzlich auf, weil er keine Luft mehr bekam. Er setzte sich hin, rang nach Atem und konnte erst nach einigen Minuten wieder wirklich Luft holen. Sein erster Gedanke war: Bestimmt ein Herzinfarkt! Doch sein Arzt, den er am nächsten Tag aufsuchte, konnte ihn beruhigen. Er sei organisch völlig gesund. Der Manager ging nach Hause – und schuftete weiter wie bisher: 60 bis 70 Stunden im Büro. Und am Wochenende auf Dienstreise. Aber seine Gesundheit machte ihm immer öfter einen Strich durch den Terminkalender. B. durchlitt einen grippalen Infekt nach dem anderen, Rückenschmerzen quälten ihn ebenso wie Kopfschmerzen. Er konsultierte mehrere Mediziner. Aber kein Arzt fand die Ursache für seine körperliche Schwäche. Er fuhr mit seiner Familie in den Urlaub. Und erholte sich, fühlte sich wieder gesund – und arbeitete mit ungebrochenem Willen weiter. Nach und nach entwickelte sich ein Kreislauf von Krankheit und extrem arbeitsintensiven Zeiten, um die dringlichen Projekte trotz allem noch pünktlich fertig zu stellen. Seine Frau beobachtete ihn bereits mit Sorge, riet ihm, kürzer zu treten, aber er wollte nicht aufgeben, so kurz vor der Beförderung. Das ging so über Monate.

Bis Georg B. eines Tages vor seinem Computer zusammenbrach. Kreislaufkollaps. Auch diesmal fand der Arzt keine organische Krankheit, aber er riet ihm, einen Psychiater zu konsultieren, weil er an starken Stresssymptomen leide und völlig erschöpft sei. B. folgte dem Rat nur zögerlich, und nur, weil er selbst keinen besseren mehr wusste.

Erst im Gespräch mit dem Psychiater wurde dem Manager das ganze Ausmaß seiner Krise bewusst. Ihm wurde erstmals klar, dass ihm die Arbeit schon lange über den Kopf gewachsen war, er seine Projekte nicht mehr im Griff hatte. Dass ihn die Querelen um seine Beförderung extrem belasteten und er über all dem Stress völlig den Kontakt zu seinen Kindern verloren hatte. Am Ende der Sitzung musste er sich eingestehen, dass seine Kräfte psychisch und physisch am Ende waren. Er sah das erste Mal, dass er am Ende der Erschöpfungsspirale angelangt war, auch wenn er im Job noch die Fassade vom leistungsfähigen Aufsteiger aufrechterhielt. Er musste vor sich zugeben, dass er insgeheim lebensmüde Gedanken hatte.

Die schwedische Ärztin Marie Asberg und ihre Kollegen vom Karolinska-Institut in Stockholm interviewten in den letzten Jahren 800 männliche und weibliche Angestellte in mittleren Positionen, die länger als drei Monate krankgeschrieben waren – sie hörten 800 ganz ähnliche Geschichten wie die von Georg B. Die Beschäftigten arbeiteten in unterschiedlichen Branchen. Das Einzige, was sie auf den ersten Blick verband, war die lange Krankheitsphase.[2]

Asberg und ihr Team wollten mit der aufwändigen Untersuchung herausfinden, warum gut ausgebildete Arbeitnehmer in verantwortungsvollen Jobs länger als drei Monate krank werden. Das Ärzteteam untersuchte die 800 Angestellten aus dem mittleren Management von Kopf bis Fuß und fragte ihnen Löcher in den Bauch. Das Ergebnis überraschte die Mediziner: Bei den meisten Probanden stieß Asberg auf Symptome einer manifesten Depression. Die Betroffenen erzählten von ihren depressiven Gedanken, von der bleiernen Müdigkeit und den Konzentrationsproblemen, die ihnen das Arbeiten und manchmal sogar das Aufstehen unmöglich machten. Sie berichteten von diffusen Schmerzen und Suizidgedanken. 60 Prozent der Befragten hatten in den letzten Monaten an Suizid gedacht, weil ihnen ihr Leben so düster und hoffnungslos erschien. 15 Prozent hatten sogar Suizidversuche unternommen. Dabei waren die Betroffenen auf den ersten Blick ganz »normale« Arbeitnehmer auf der Karriereleiter, wie die Medizinerin Asberg feststellte. Keiner der depressiven Angestellten zeigte eine besonders labile Psyche oder Merkmale einer deutlichen Persönlichkeitsentwicklungsstörung, die Grundlage für ihre Depression hätte sein können.

Depression statt Karriere

Gemeinsam waren allen nur ihr Fleiß und Ehrgeiz: Die Betroffenen hatten in den letzten Jahren sehr viel gearbeitet, waren karriereorientiert und galten im Unternehmen als besonders verlässlich und leistungsfreudig. Sie waren die Mitarbeiter, die morgens früher kommen und abends länger bleiben, wenn eine Aufgabe drängt. Beschäftigte, die Chefs gerne als ihre »rechte Hand« oder als unverzichtbare Leistungsträger bezeichnen. Und sie setzten sich selbst nur selten Grenzen in ihrer Leistungsbereitschaft. Sie waren sozusagen der Prototyp des aufstrebenden Mitarbeiters, die Säulen, auf denen das Unternehmen steht. »Aus der Sicht des Arbeitgebers sind sie perfekte Angestellte«, folgert Asberg.

Aber gerade ihre unbegrenzte Leistungsbereitschaft hatte die Angestellten offensichtlich in die totale Erschöpfung getrieben. Die aufstrebenden Mitarbeiter hatten sich über Jahre zu wenige Erholungszeiten vom Job gegönnt – und so Körper und Geist ständig überfordert und sich langsam, aber stetig erschöpft.

Dabei waren ihnen die Zeichen der fortschreitenden Erschöpfung sehr wohl aufgefallen. In den Gesprächen mit den Medizinern erinnerten sich die Beschäftigten daran, dass sie schon seit Jahren starke Kopf- oder Rückenschmerzen hatten, in den letzten Jahren auffällig häufig krank waren, schlecht schliefen und sich schon länger im Geheimen mit Schuldgefühlen quälten, weil sie merkten, dass es ihnen immer schwerer fiel, die gewohnte Leistung zu erbringen. Und irgendwie hatten auch alle den Zusammenhang zwischen ihrem Job und ihren Beschwerden sehr wohl wahrgenommen. 70 Prozent der Befragten antworteten auf die Frage, was die wahrscheinliche Ursache für ihre Erkrankung sei: die Arbeit. Trotzdem hatten die Betroffenen nichts gegen ihre Überlastung getan. Im Gegenteil. Sie hatten mit unvermindertem Engagement weitergeackert und Stück für Stück ihre körperlichen und psychischen Energiereserven verbraucht. Sie hatten sich so über die Jahre regelrecht in die psychische Krise hineingearbeitet.

Als Grund für ihr anscheinend grenzenloses Engagement gaben sie an, dass sie ihren Job nicht verlieren wollten und dass es nach Umstrukturierungen einfach mehr Arbeit für den Einzelnen gegeben habe. »Bei der Hälfte der Patienten war Arbeit der einzige feststellbare auslösende Faktor für die Depression«, stellt Asberg fest. Bei den weiblichen Führungskräften spielte außerdem die Doppelbelastung durch Familie und Arbeit eine große Rolle.

Marie Asberg und ihre Kollegen vom Karolinska-Institut sprechen aufgrund ihrer Befunde von einer »job-stress related depression« (Jobstress-bedingter Depression) oder von »exhaustion disorder« (Erschöpfungskrankheit) und entwickelten das Modell der Erschöpfungsspirale, das anschaulich beschreibt, welche typischen seelischen und körperlichen Erschöpfungsreaktionen Menschen auf Dauerstress im Job zeigen und wie sich diese Erschöpfung immer weiter steigert, wenn man nichts dagegen tut.

Dabei darf die Erschöpfungsspirale nicht mit einer Krankheit verwechselt werden. An ihrem Ende *kann* die Krankheit Depression stehen, andere Stresskrankheiten wie Herz-Kreislauf-Erkrankungen, chronische Schmerzsyndrome oder chronische Schlafstörungen. Auch süchtiges Verhalten kann in enger Verbindung mit der Erschöpfungsspirale stehen. Allerdings ist es ein weiter Weg bis zum Ende der Erschöpfungsspirale.

Die Erschöpfungsspirale stellt insofern einen Prozess dar, der zwischen den Polen Wohlbefinden und Krankheit stattfindet. Die Symptome auf der ersten Stufen der Erschöpfungsspirale können für uns so etwas wie ein Frühwarnsystem sein, an dem wir uns orientieren können, um uns eben nicht zu erschöpfen.

Die erste Stufe der Erschöpfung
Wenn der Rücken schmerzt, der Schlaf sich verweigert und die Gedanken Karussell fahren

Heimtückisch an der Dynamik der Erschöpfungsspirale ist, dass wir oft selbst nicht erkennen, an welchem Punkt der Erschöpfung wir genau stehen. Das liegt unter anderem daran, dass die ersten Zeichen einer beginnenden Erschöpfung in der Regel unspezifische körperliche Symptome sind, mit denen wir vielleicht zum Hausarzt gehen, die wir aber nicht als erste Stufe der Erschöpfungsspirale wahrnehmen. Es können Rückenschmerzen sein, Kopf- oder Zahnschmerzen, grippale Infekte oder Schlafstörungen. Alles Beschwerden, die harmlos, aber in einer gewissen Häufung oder Schwere auch Anzeichen für eine beginnende Erschöpfung sein können.

Häufig findet der Hausarzt natürlich keinerlei körperliche Ursachen für die Beschwerden. Die Betroffenen sind meist erst einmal erleichtert, nach dem Motto: Zum Glück ist also doch nichts Schlimmes. Allerdings bleibt auf diese Weise auch die Verknüpfung zwischen der Belastung am Arbeitsplatz (und manchmal auch der Familie) und den körperlichen

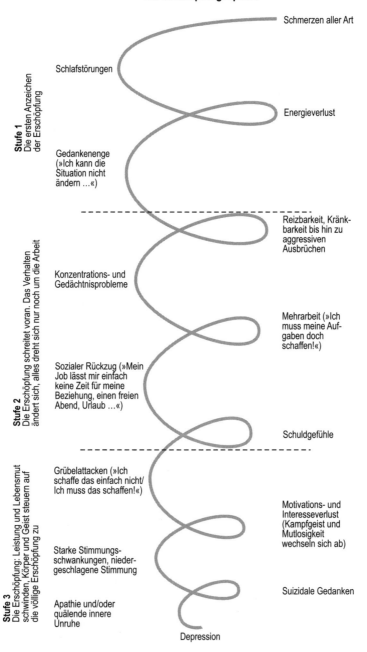

Unger/Kleinschmidt in Anlehnung an M. Asberg

Die Erschöpfungsspirale

Krankheitssymptomen unerkannt. Der Effekt: Die Betroffenen arbeiten genauso engagiert und leistungsorientiert weiter wie zuvor, auch wenn der grippale Infekt einfach nicht verschwinden will und die Rückenschmerzen deutlich zunehmen.

Manchmal sehen Außenstehende an diesem Punkt sehr wohl den möglichen Zusammenhang zwischen Arbeit und Krankheitsbeschwerden. Symptomatisch für Menschen, die an einer beginnenden Erschöpfung leiden, ist jedoch, dass sie Ratschläge von Freunden oder Partnern oder die Anregung, kürzer zu treten, aufgrund ihres inneren Drucks eher als Kritik denn als Hilfe empfinden. So können sie die gut gemeinten Ratschläge deshalb nicht annehmen und nutzen.

Dazu kommt, dass Dauerstress zu einer gedanklichen Einengung führt. Menschen, die unter Stress stehen, fangen daher häufig an, für ihre Rechtfertigung und Verteidigung sehr einfache Erklärungsmuster zu entwickeln. Jeder, der mit Menschen mit Erschöpfungssyndrom zu tun hat, kennt diese Aussagen: »Ich würde sehr gerne etwas weniger tun, aber die Umstände lassen es gerade nicht zu, du kannst das wohl nicht verstehen.« »Im Moment geht es eben nicht anders, als dass ich jeden Abend bis 22 Uhr arbeite.« »Ich kann diese Situation nicht ändern, aber das verstehst du ja nicht.« »Wenn ich weniger mache, verliere ich meinen Job.« »Jetzt muss ich das Projekt X zusätzlich übernehmen, aber in wenigen Monaten wird es besser werden.«

Ebenfalls typisch für Menschen, die sich auf der Erschöpfungsspirale nach unten bewegen, ist, dass sie kein inneres Schema haben, um die Umstände realistisch einzuordnen. Sie halten alle Anforderungen für unabänderlich, wichtig für die Karriere oder für die Jobsicherheit. Häufig vertrösten sie sich selbst auf »bessere Zeiten«, die bald kommen werden. Weniger zu arbeiten oder auch nur über ihre Arbeitseinstellung ehrlich zu reflektieren, ist für sie in diesem Stadium der Erschöpfung oft nicht möglich.

Die erste Stufe der Erschöpfung

Und leider ist es mit der Erschöpfungsspirale wie mit anderen sich selbst verstärkenden Teufelskreisen auch: Sie gewinnt an Fahrt und Dynamik, je länger sie sich entwickeln kann – ein bisschen so wie ein Auto, das den Berg hinabrollt, weil jemand vergessen hat, die Handbremse anzuziehen. Wer noch reinspringt, wenn das Auto losrollt, und die Handbremse zieht, kann es leicht stoppen. Doch wenn es erst einmal richtig in Fahrt gekommen ist, stoppt es nur noch der Zusammenstoß mit einem Hindernis.

Vielen Betroffenen geht es dabei wie Georg B. Sie nehmen den Grad ihrer Erschöpfung erst wahr, wenn es schon zu spät ist. Wenn sie nicht mehr aus alleiniger Kraft aus der Krise finden. Wenn sie mit ihren Arbeitsanforderungen, dem Partner oder sich selbst »zusammenstoßen«. Zum Beispiel, weil sie so häufig krank werden, dass sie ihre Aufgaben nicht mehr erledigen können. Wenn sie einen Nervenzusammenbruch erleiden oder an einer Depression erkranken. Wenn die Partnerschaft am Jobstress zerbricht. Die Grenze für das haltlose Schaffen kommt insofern meist von außen – und oft mit einem dramatischen Knall.

Dabei beschleunigen die meisten Betroffenen diesen Prozess der Abwärtsspirale auch noch selbst: Denn zu Beginn der Erschöpfung versuchen sie mit aller Kraft »gegenzuhalten«: Sie erhöhen die Anforderungen an sich und häufig auch das Arbeitspensum, weil sie denken, sie schaffen die Aufgabe dann doch noch. Wie in einem Rausch übernehmen sie immer neue, zusätzliche Aufgaben. Weil sie sich insgeheim schon unsicher fühlen, können sie sich nur noch schlecht abgrenzen. Jede neue Aufgabe wird so zur wichtigen Bestätigung für das angeschlagene Selbstwertgefühl oder wird als Ausdruck der Anerkennung vom Chef wahrgenommen. Ein Teufelskreis aus Erschöpfung und Engagement entsteht.

Die fortschreitende Überforderung der eigenen Möglichkeiten zeigt sich häufig am deutlichsten außerhalb der Firma: Frühmorgens beginnt die Grübelei über den Job: Schaffe ich das alles? Es ist nicht zu schaffen. Oder doch? Die Gedanken drehen sich im Kreise, der Job lässt einen nicht mehr los.

Mit Drogen und Sport gegen die Erschöpfung

An dieser Stelle der Erschöpfungsspirale entwickeln viele Menschen scheinbare Kompensations- oder Rettungsversuche, die einen süchtigen oder zwanghaften Charakter haben. Manche beginnen regelmäßig Alkohol zu trinken, um wenigstens abends abschalten zu können. Andere trinken, um das Einschlafen zu erleichtern. Wieder andere greifen zu Schlaftabletten oder zu Aufputschmitteln. Doch der regelmäßige Alkohol- oder Tablettenkonsum verschlechtert die Konzentration und Kreativität am nächsten Morgen enorm – ein weiterer Teufelskreis nimmt seinen Lauf. Drogen wirken zwar kurzfristig entspannend oder belebend und lindern so die Symptome der Erschöpfung, wie Angst, Unruhe, Aggression oder Schlafstörungen. Allerdings gewöhnt sich unser Gehirn sehr schnell an die verführerischen Hilfsmittel, und aus den anfänglichen positiven Effekten entsteht eine gefährliche körperliche und seelische Abhängigkeit.

Sogar Sport, Jogging oder andere körperliche Betätigungen können im Rahmen der Erschöpfungsspirale zu einem süchtig-zwanghaften Kompensationsversuch werden. Denn wenn das sportliche Training ausartet und einen immer größeren Bereich der schon knappen Freizeit einnimmt, wenn Jogging das tägliche Gespräch mit dem Partner unmöglich macht, wenn Freundschaften und andere Freizeitaktivitäten durch exzessives Körpertraining vernachlässigt oder unmöglich werden, dann sollte sich jeder fragen, ob das Fitnesstraining nicht auch schon fester Bestandteil eines schon übermäßigen Arbeitsplanes geworden ist. In gesundem Rahmen trägt Sport bestimmt zu einem guten Körpergefühl, zu Entspannung, Freude und einer guten Stimmung bei. Doch übermäßiger Sport kann auch zu einem zusätzlichen Stressfaktor werden, der die Erschöpfung verschleiert oder sogar bei exzessiv zwanghafter Anwendung verschlimmert.

Die häufigsten Warnsignale

Schmerzen

Auf der ersten Stufe der Erschöpfungsspirale sendet der Körper Warnsignale, die von Mensch zu Mensch unterschiedlich sind und sich häufig an bestehenden »Schwachstellen« im Körper festmachen. So können Magen-Darm-Beschwerden auftreten, verbunden mit Übelkeit, Sodbrennen oder Brechreiz. Kopfschmerzen sind ebenfalls oft ein Signal für Dauerstress. Eine bestehende Migräne kann sich verschlimmern. Rücken- und Muskelschmerzen sind vielleicht das häufigste Körpersignal einer beginnenden Erschöpfung, denn eine dauerhafte Stressreaktion führt zu einer dauerhaften Muskelanspannung. Vielarbeiter berichten, dass sie sich an manchen Tagen abends »wie geprügelt« fühlen, die gesamte Muskulatur schmerzt wie bei einem starken Muskelkater. Die Muskelanspannung zusammen mit Fehlhaltungen, körperlichen wie seelischen Verkrampfungen verstärkt degenerative Veränderungen der Wirbelsäule im Hals-, Brust- oder Lendenwirbelbereich. Die daraus resultierenden Schmerzen erhöhen die Muskelanspannung weiter. So entsteht ein sich selbst verstärkender Teufelskreis von Anspannung und Schmerz, der schließlich zu einem chronischen Leiden führen kann. Für andere stressgeplagte Menschen sind Ohrgeräusche ein Warnsignal – prominentestes Beispiel ist wohl der frühere SPD-Chef Matthias Platzeck, der sich aufgrund einer Erschöpfungskrise von seinem Chefposten verabschiedete. Manche Menschen reagieren auch mit Blutdruckkrisen oder Störungen des Herzrhythmus auf Dauerstress.

Um eine beginnende Erschöpfung frühzeitig zu erkennen, ist es deshalb hilfreich zu wissen, wo die persönlichen Schwachstellen im Körper liegen, wo vielleicht schon ein Weg für den Schmerz gebahnt ist. Treten Beschwerden auf, so sollte man immer auch überlegen, ob sie mit einer belastenden Arbeits- oder Lebenssituation in Verbindung stehen könnten.

Schlafprobleme

Ein weiteres häufiges, aber unspezifisches Warnsignal auf der ersten Stufe der Erschöpfungsspirale sind Schlafstörungen. Unter Belastung können manche Menschen nicht mehr einschlafen. Auch hier kann sich über dieses Warnsignal eine sich selbst verstärkende Störung entwickeln. Wer nach mehreren Nächten des verzögerten Einschlafens die Angst und Überzeugung entwickelt: »Jetzt wirst du wieder nicht schlafen, dann bist du morgen nicht ausgeruht und wirst die Arbeit nicht schaffen«, manövriert sich in einen Teufelskreis zunehmender Anspannung oder unmöglicher Entspannung, der schließlich zu einer Chronifizierung der Schlafstörung führen kann.

Einschlafstörungen treten auch häufig auf, wenn ein überstresster Arbeitnehmer nach einem Zwölfstundentag und einer kurzen Mahlzeit vor dem Fernseher einschläft. Denn nach einer ersten Schlafphase von 90 Minuten wird er wieder aufwachen – und sein Schlafrhythmus ist gestört. Er wird Schwierigkeiten haben wieder einzuschlafen. Manche Menschen reagieren auf Stress auch mit Durchschlafstörungen. Sie wachen sehr früh morgens auf und können nicht wieder einschlafen. Dieses Schlafmuster hatten wir schon im Exkurs über die Symptome der Depression kennen gelernt, es kann aber auch ohne manifeste Depression auftreten: Man ist erleichtert, dass der Arbeitstag hinter einem liegt, man hat gegeben, was man konnte, und ist müde und erschöpft. Die Betroffenen schlafen tief und fest ein, aber nach zwei Schlafphasen von je 90 Minuten wachen sie schweißnass auf und alle Probleme sitzen mit auf dem Bett. Fragen rasen durch den Kopf: Wie soll ich alles nur schaffen? Vielleicht entsprechen die beiden Schlafstörungen den unterschiedlichen Arten von Stressbewältigung, wie wir sie in Kapitel 3 beschrieben hatten. Denjenigen, die schwer einschlafen können, fällt es besonders schwer zu entspannen. Sie stehen unter einem Druck, der sich mehr oder weniger latent auch mit aggressiven Gefühlen verbindet. Sie sind in ständiger Kampf- oder Verteidigungsbereitschaft. Wer dagegen unter frühmorgendlichem Erwachen leidet, hat mehr Leistungs- und Versagensängste, in gewissem Sinne auch »Über-Ich«-Druck und Schuldgefühle. Die Aggression wendet sich mehr gegen einen selbst, bringt einen gewissermaßen in eine depressive Unterwerfungsreaktion. Tatsächlich erleben sich viele Menschen in diesen frühen Morgenstunden körperlich wie gelähmt. Erst nach dem Aufstehen und mit Beginn der Tagesaktivitäten wird es besser.

Vorsicht vor Nebenschauplätzen

Die körperlichen Beschwerden wie Schmerzen und Schlafstörungen, die in der ersten Phase der Erschöpfung als Warnsignale auftreten, können durch sich selbst verstärkende Teufelskreise zu chronischen Gesundheitsproblemen führen. Diese Beschwerden können sehr dominant werden und rücken häufig auch in den Hauptfokus der Betroffenen – obwohl sie eigentlich »Nebenschauplätze« der Erschöpfungsspirale sind. Denn nun »habe« ich ein Rückenleiden, eine »kaputte Bandscheibe«, eine degenerative Wirbelsäulenerkrankung. Dafür benötige ich Arztbesuche, Medikamente, Physiotherapie, Entlastung und Schonung. Im Grunde ist der Rückzug auf diese Nebenschauplätze ein Versuch, die der Erschöpfung zugrunde liegenden Lebens- und Arbeitsprobleme zu lösen oder zumindest zu bewältigen, vergleichbar den oben genannten Bewältigungsversuchen durch Alkohol, Medikamente oder Drogen, aus denen sich die Eigendynamik einer Suchterkrankung entwickeln kann.

Die zweite Stufe der Erschöpfung
Wenn die Emotionen verrückt spielen

Auf der nächsten Stufe der Erschöpfungsspirale kommt es zu Verhaltensänderungen. Irritierbarkeit, Reizbarkeit und aggressive Ausbrüche sind gerade bei Männern nicht selten. Frauen berichten dagegen, dass sie häufig verstummen, sich in sich zurückzuziehen, sich verletzt und gekränkt fühlen. Kampfeswille und Mutlosigkeit wechseln sich ab. Trotz, Resignation und das Gefühl mangelnder Anerkennung machen sich breit.

Entscheidend für diese zweite Stufe der Erschöpfung ist aber, dass die Arbeit und der Arbeitsplatz im subjektiven Erleben eine immer größere Rolle einnehmen. Indem ich noch mehr Projekte an mich binde, noch länger arbeite und die Arbeit mit nach Hause nehme, versuche ich paradoxerweise, das Problem der beginnenden Erschöpfung zu lösen.»Scheuklappen« bilden sich, es gibt tausend Gründe, dem Partner zu erklären, warum ich so viel arbeiten muss. Statt zu bremsen, lege ich einen Gang zu. Und ich merke nicht, dass ich in eine Falle zu geraten drohe. Denn mein Stresssystem zieht mit, aber anders, als ich denke. Es befähigt und schützt mich immer weniger, im Gegenteil, es hat jetzt immer stärkere negative Auswirkungen auf meinen Körper und meine Seele. Aufmerksamkeits- und Konzentrationsprobleme treten auf und manchmal kann ich mich nicht mehr auf mein Gedächtnis verlassen. Daraus entsteht eine Verunsicherung, die von vielen zunächst nach außen abgewehrt wird:»Wenn Frau X und Herr Y richtig

Die zweite Stufe der Erschöpfung

arbeiten würden, wäre alles kein Problem, jetzt muss ich für sie mitarbeiten.« Oder: »Wenn die Unternehmensleitung nicht immer neue Anforderungen und Projekte schaffen würde, wäre alles kein Problem!« Die anderen sind schuld. Gleichzeitig nagt innerlich doch ein Gefühl von Unzulänglichkeit und Unbehagen, das sich verdichtet und schließlich Schuldgefühle entstehen lassen kann: »Ich bin es, der es nicht schafft!«

Auch die körperlichen Signale verstärken sich in dieser zweiten Erschöpfungsphase und führen zu einer zunehmenden Verunsicherung. Unregelmäßige Herzschläge verbinden sich mit Angst vor einem Herzinfarkt, die Konzentrations- und Gedächtnisprobleme lassen Durchblutungsstörungen des Gehirns oder einen Schlaganfall befürchten.

Um die Arbeit trotzdem zu bewältigen, werden alle anderen Lebensbereiche reduziert. Freie Tage werden nicht genommen und es gelingt nicht, mit Vorfreude einen Urlaub zu planen. Der Urlaub wird selbst zu einer Art Pflicht, die man nicht umgehen kann, der von der Familie eingefordert wird. Noch eine Belastung! Partner und Kinder werden regelrecht vernachlässigt. Das Alter der Kinder ist kaum noch erinnerbar und wenn abends der Ehepartner oder die Kinder das Gespräch suchen, gelingt es nicht mehr, zuzuhören oder sich wirklich auf das Kind einzulassen. Kommt es in der Folge zu Streitereien, rutscht plötzlich die Hand aus oder die Stimme erhebt sich unangemessen. Dies verstärkt wieder die Schuld- und Insuffizienzgefühle: »Jetzt bin ich auch noch eine schlechte Mutter oder ein böser Vater!« Auch der Partner soll sich der Arbeit unterordnen. Zärtlichkeit und Sexualität erlahmen, und wenn der Partner Forderungen nach mehr gemeinsamer Zeit oder eigener Entwicklung stellt, müssen diese abgeblockt werden, da sie als bedrohlich erlebt werden. Angebotene Auswege aus der Erschöpfung können nicht erkannt oder wahrgenommen werden.

Freundeskreis, Hobbys und sportliche Aktivitäten werden ebenso vernachlässigt, immer mehr konzentriert sich das gesamte Denken auf die Arbeit, es ist einfach keine Kraft und Initiative mehr da, auch noch zu joggen oder auf den Tennisplatz zu gehen. Schleichend und unbemerkt kommt es zu einem totalen Rückzug von den Mitmenschen.

Die dritte Stufe der Erschöpfung
Wenn die Leistung nachlässt, der Partner sich verabschiedet und der Lebensmut schwindet

Auf der dritten Stufe der Erschöpfungsspirale wird es regelrecht gefährlich. Der Partner droht vielleicht mit Trennung, die Arbeitsleistung beginnt deutlich schlechter zu werden, Fehler schleichen sich ein. Obwohl viel Zeit mit Arbeit verbracht wird, ist die Effizienz geringer und lässt immer weiter nach. Dies steigert den inneren und äußeren Druck noch einmal. Die Arbeit macht keine Freude mehr, Initiative und Motivation erlahmen und eine traurige, niedergeschlagene Stimmung macht sich breit. Der Körper ist schlapp, der Schlaf maximal gestört und Suizidphantasien sind häufig. »Ich will meine Ruhe haben, einfach weg sein, frei sein«, das sind die trügerischen Gedanken, die sich mit dem eigenen Tod verbinden. Die anderen Menschen und das, was man liebt, sind weit weg und nicht fühlbar da. Erstarrung, Apathie oder quälende Unruhe ergreifen von den Personen Besitz. Die Depression ist da.

Leben mit der Erschöpfungsspirale

Fast jeder kennt wohl die einen oder anderen Symptome der Erschöpfungsspirale. Vor allem die erste Stufe der Erschöpfung ist weit verbreitet – man denke an die 60 Prozent der Arbeitnehmer in Europa, die empfinden, dass ihr Job sie krank macht. Die meisten Leser werden wohl auch schon bei sich selbst oder bei Partner, Freunden oder Kollegen einige Symptome einer beginnenden Erschöpfung beobachtet haben.

Offensichtlich bewegen wir uns in der modernen Arbeitswelt alle auf dieser Erschöpfungsspirale. Mal sind wir trotz allem meilenweit entfernt von der Depression und nach einem schönen Feierabend wieder fit für den nächsten Tag im Job. Mal stehen wir relativ nah an einem Punkt emotionaler Erschöpfung, denken auch nachts über Projekte nach oder streiten mit dem Partner, weil all unsere Energien ausschließlich in den Job fließen.

Im besten Falle kommt man ganz alleine wieder von den Phasen der Erschöpfung in den Bereich der Balance und emotionalen Ausgeglichenheit: zum Beispiel, weil das zeitintensive Projekt zu Ende geht, weil der direkte Vorgesetzte wechselt, der den Stress in der Abteilung potenzierte, weil man drei Wochen Urlaub hatte, weil man sich weitergebildet und seinen Job dann besser bewältigen kann – oder weil man den Job wechselt, weil man sich in der Firma oder mit seinen Aufgaben einfach nicht wohl fühlte.

Doch auch wenn sich die Situation im Job nicht ändert, wenn der äußere Druck weiter steigt, die Zeit immer knapper wird und das Arbeitsumfeld unsicherer, sind wir der Erschöpfungsspirale doch nicht hilflos ausgeliefert.

Schon das Wissen um die Mechanismen und Teufelskreise der Erschöpfungsspirale kann uns dabei helfen. Denn wer die Anzeichen einer Erschöpfung frühzeitig erkennt, kann in der Regel früh genug die Bremse ziehen und den Absturz in die totale Erschöpfung verhindern. Die Erschöpfungsspirale ist eine

Die Erschöpfungsspirale

dynamische Konstruktion, wir können anhalten und auf jeder Stufe auch wieder umdrehen. (Entfliehen können wir der Erschöpfungsspirale allerdings kaum, da sie ein fester Bestandteil unserer heutigen Lebens- und Arbeitswelt geworden ist, siehe auch Kapitel 2.)

Die Voraussetzung für das Gelingen dieses Vorhabens ist, dass wir unser Verhältnis zu unserer Arbeitswelt möglichst bewusst reflektieren. Dass wir uns die Möglichkeiten und Gefahren für uns als Individuen in einer globalisierten und ökonomisierten Welt immer wieder verdeutlichen. Denn die Anforderungen, die an uns gestellt werden, sind potenziell unersättlich, die Möglichkeiten scheinbar unbegrenzt. Es geht deshalb um die Fragen: Wo und wie setzen wir für uns selbst Grenzen? Schaffen wir das allein? Wie viel Unterstützung und Solidarität von und mit anderen benötigen wir dazu?

Dieses Kapitel soll deshalb als Anreiz dienen, über sich selbst, seine Arbeitssituation und persönliche Anzeichen von Erschöpfung zu reflektieren. Das Ziel sollte es sein, achtsam mit sich selbst umzugehen, aber auch mit unserer Arbeit und den Menschen, die wir lieben.

In einem ersten Schritt gilt es deshalb zu lernen, unsere seelischen und körperlichen Reaktionen auf Stress und Dauerbelastungen zu erkennen – und sie ernst zu nehmen. In einem zweiten Schritt gilt es dann zu lernen, wie wir Stresssymptomen begegnen und selbstachtsam mit den Auswirkungen der Erschöpfungsspirale umgehen können – ohne unsere Leistungsfähigkeit und Lebensfreude einzubüßen.

Beide Schritte sind unabdingbare Voraussetzungen, um in unserer komplexen Arbeits- und Lebenswelt zurechtzukommen – und dabei sowohl leistungsfähig als auch psychisch und physisch gesund zu bleiben. Im nächsten Kapitel werden wir anhand von konkreten Beispielen zeigen, wie Menschen im positiven Sinne mit der heutigen Arbeitswelt, ihren Möglichkeiten und Anforderungen umgehen.

Exkurs 4

Die Depression: Ursachen und Behandlungsmöglichkeiten

Wie entstehen Depressionen? Welche Rolle spielen die Gene? Was sind die Ursachen? Wer kann wie helfen? Was nützen Antidepressiva? Was bringt eine Psychotherapie? Wie hilft Körpertherapie? Was kann der Partner tun? Rund um das Thema Depression sind auch heute noch viele Fragen offen. Und viele Fragen werden von verschiedenen Experten unterschiedlich beantwortet. Kein Wunder, dass Betroffene häufig unsicher sind, welche Behandlung ihnen helfen kann. Deshalb gehen wir hier kurz auf einige häufige Fragen rund um das Thema Depression ein.

Depression – eine Erbkrankheit? Welche Rolle spielen die Gene?

Familienangehörige und depressiv Erkrankte halten die Depression oftmals für eine »Erbkrankheit«. Ein »Depressionsgen« gibt es aber nicht. Zwar deuten genetische Untersuchungen darauf hin, dass bei der Entstehung einer Depression genetische Faktoren mitbeteiligt sind, der Faktor Vererbung wird jedoch schnell missverstanden und überbewertet. Familienuntersuchungen zeigen, dass das Erkrankungsrisiko einer Person um das Dreifache erhöht ist, wenn Eltern oder Geschwister an einer Depression erkrankt sind.[1] Man spricht von einer genetischen Disposition, die vor allem bei schweren Depressionen vorhanden sein kann. Es sind jedoch andere Faktoren wie akute Lebensereignisse, Stress, traumatische Erfahrungen und chronische Belastungen, die eine Depression tatsächlich auslösen können.

Wahrscheinlich gibt es sogar andere genetische Faktoren, die uns vor der Krankheit schützen. Deshalb gehen Wissenschaftler davon aus, dass nur eine gewisse Anfälligkeit für die Entwicklung einer Depression genetisch bedingt ist. Ein gutes Beispiel ist das Serotonin-Transporter-Gen. Serotonin ist ein Botenstoff (Neurotransmitter), der mit der Depressionsentstehung in Verbindung steht. Das Gen, das den Serotonin-Transporter verschlüsselt, kommt in der Bevölkerung in einer kurzen und langen Variante vor. Die kurze Variante bewirkt, dass der Transportmechanismus für Serotonin schlechter funktioniert. Menschen, die beide Gene für den Serotonin-Transporter als kurze Variante tragen, haben ein höheres Risiko, unter Stress oder anderen belastenden Lebensereignissen eine Angstsymptomatik oder eine Depression zu entwickeln.[2] Ohne eine zusätzliche auslösende Situation würden sie aber nie spontan an einer Depression erkranken. Das Beispiel des Serotonin-Transporter-Gens zeigt, wie bedeutsam die Gen-Umwelt-Interaktion für die Entstehung von Krankheiten ist. Gene sind nicht die direkte Ursache der Depression, doch sie können einen Menschen »verletzlicher« machen, in bestimmten Situationen depressiv zu erkranken. Man spricht daher von einer Vulnerabilität.

Was wissen wir über die Ursachen der Depression?

Die Gene sind also nicht die Ursache einer Depression. Die genetische Disposition ist lediglich für eine höhere Anfälligkeit oder Vulnerabilität verantwortlich. Man kann sich dies auch so vorstellen, dass die Gene eine Art Depressionsschwelle senken, so dass manche Menschen in einer bestimmten Verlust-, Stress- oder Konfliktsituation eher an einer Depression erkranken als andere. Wenn die Gene aber als alleinige Ursache ausscheiden, so stellt sich die Frage, was dann die Ursache für eine Depression ist. Die Antwort ist komplex, denn in der Regel kommen mehrere Faktoren zusammen. Man spricht deshalb von einer multifaktoriellen Genese oder einem multikausalen Modell der Depressionsentstehung.

Aus der Forschung wissen wir, dass vier verschiedene Faktorenkomplexe in unterschiedlicher Gewichtung an der Verursachung einer Depression beteiligt sind.[3] Die genetische Disposition haben wir schon genannt. Unabhängig von den Genen können als zweiter Faktor Verlust- und Gewalterfahrungen in Kindheit und Jugend die Schwelle senken, später im Leben an einer Depression zu erkranken. Denn wiederholte Gewalt, Vernachlässigung oder beständige Überforderung in der Kindheit führen zu einer chronischen Überaktivität der Stress-Hormon-Achse (siehe Kapitel 3) und das sich in Entwicklung befindliche Gehirn des Kindes wird durch diese Überforderungsreaktionen geprägt. Es bildet sich eine »biologische Narbe«, vergleichbar der genetischen Disposition, und im späteren Jugend- und Erwachsenenalter reichen dann oft schon normale Stressoren, um eine Depression auszulösen.[4] Genetische Disposition und Entwicklungsstörungen in der Kindheit senken also die Schwelle, im Leben unter Stress an einer Depression zu erkranken, da das Gehirn »störbarer« oder »verletzbarer« geworden ist.

Andererseits kann eine Depression auch ohne genetische Disposition und bei unauffälliger Kindheitsentwicklung auftreten. Als dritter Faktor für die Depressionsentstehung gelten körperliche oder organische Ursachen. Hierzu zählen bestimmte Erkrankungen wie zum Beispiel Funktionsstörungen der Schilddrüse, aber auch Herz-Kreislauf-Erkrankungen, die auf unterschiedliche Weise direkt das Risiko erhöhen, an einer Depression zu erkranken.[5] Auch bestimmte Medikamente, Drogen und Alkohol können Depressionen verursachen. Dieser dritte Faktor entspricht also organischen oder körperlichen Stressoren.

Der vierte große Faktor sind die psychosozialen Stressoren, die letztlich bei jedem Menschen zur Depression führen können. Psychosoziale Stressoren sind kritische Lebensereignisse wie Arbeitsplatzverlust, Scheidung, Tod eines nahen Angehörigen, schwere Erkrankungen oder Unfälle und chronische Belastungen wie die Pflege eines Angehörigen – oder eben Dauerstress im Job.[6] Viele psychosoziale Stressoren können auch bei vorher gesunden Menschen eine Depression hervorrufen, entweder weil die Schwere des Ereignisses die individuellen Verarbeitungs- und Bewältigungsmöglichkeiten übersteigt oder weil Dauerstress Körper und Gehirn geschädigt hat (siehe auch Kapitel 3).

Diese vier großen Faktoren, genetische Disposition, Entwicklungsstörungen in der Kindheit, körperliche Ursachen und psychosoziale Stressoren, sind nun in unterschiedlichem Maße an der Entstehung einer Depression beteiligt. Außerdem können sich die Faktoren im ungünstigsten Fall summieren und die »Depressionsschwelle« so extrem senken, dass schon unbedeutende Alltagserlebnisse eine Depression auslösen. Umgekehrt spielen natürlich auch die individuellen protektiven Faktoren, Ressourcen, Coping- und Bewältigungsmöglichkeiten jedes Individuums eine große Rolle bei der Entstehung einer Depression. So kommt es, dass manche Menschen schon durch eine normale Belastung in eine Depression geraten, andere Menschen dagegen trotz schwerster Schicksalsschläge und schwerer Kindheit gesund bleiben. Unter dem Stichwort »Resilienz« wird diese seelische Widerstandskraft heute vielfach diskutiert und untersucht.

Welche Behandlung ist die richtige?
Welche Rolle spielen Antidepressiva und Psychotherapie?

Psychotherapie und antidepressive Medikamente sind die beiden Seiten der »Behandlungsmedaille«. Bei schweren Depressionen sind Medikamente unverzichtbar: Sie machen Psychotherapie oft erst möglich. Leichte Depressionen können allein durch psychotherapeutische Interventionen behandelt werden.

Antidepressiv wirkende Medikamente erhöhen die Konzentration der Botenstoffe (Neurotransmitter) Serotonin und Noradrenalin im Gehirn im synaptischen Spalt zwischen zwei Nervenzellen. Deshalb wurde von Psychiatern zunächst ein Mangel an Serotonin oder Noradrenalin als die eigentliche Ursache der Depression angesehen. Tatsächlich erhöhen antidepressive Medikamente die Konzentration der Botenstoffe im synaptischen Spalt. Diese Veränderung erfolgt aber schnell, schon nach einmaliger Gabe eines Antidepressivums. Die positive Wirkung auf die depressive Symptomatik beginnt aber frühestens nach zehn bis 20 Tagen. Die antidepressive Wirkung der Medikamente hängt also offensichtlich nur indirekt mit der Konzentration der Botenstoffe zusammen.

Deshalb führten die Wissenschaftler die antidepressive Wirkung auf Veränderungen der postsynaptischen Rezeptoren zurück, der Andockstellen für Serotonin und Noradrenalin an der weiterführenden Nervenzelle. Neue molekulargenetische Modelle[7] gehen heute davon aus, dass die veränderte Konzentration der Botenstoffe Serotonin und Noradrenalin in der postsynaptischen Nervenzelle zu einer Kettenreaktion verschiedener intrazellulärer Informationssysteme führt, die letztlich über die Aktivierung von Genen die Produktion bestimmter Proteine ankurbelt. Das Ergebnis ist zum Beispiel die vermehrte Bildung von Wachstumsfaktoren wie dem *brain-derived neurotrophic factor* (BDNF), der wie »Schmierstoff« oder »Dünger« auf die Nervenzellen wirkt. Sie wachsen, sprossen aus und verbinden sich leichter: Damit erhöht sich ihre »Vernetzungsfähigkeit«. Auf diese Weise wird die Neuroplastizität verbessert. Und gerade diese Neuroplastizität ist in der Depression eingeschränkt, was zum Beispiel die mit der Depression verbundenen Gedächtnisstörungen erklären kann. Auch der Wachstumsfaktor BDNF ist in der Depression verringert. Der verzögerte Wirkungseintritt der Antidepressiva erklärt sich also durch komplizierte Stoffwechselprozesse, die von den Medikamenten angestoßen werden und ihre Zeit benötigen.

Antidepressiva können also im Gehirn nicht einfach »einen Hebel« umlegen und dann ist die Depression vorbei. Vielmehr wirken sie auf die mit der Depression verbundenen Fehlsteuerungen und Funktionsstörungen im Gehirn, die sich unter anderem im Mangel oder Ungleichgewicht der Botenstoffe und Wachstumsfaktoren und einer Cortisolerhöhung zeigen. Antidepressiva haben eine positive Wirkung auf die typischen Symptome der Depression wie Interesseverlust, Niedergeschlagenheit und Antriebslosigkeit. Die Ursache der Depression beheben Antidepressiva allerdings nicht. Sie können den Betroffenen aber so weit psychisch stabilisieren, dass seine blockierten Selbstheilungskräfte wieder anspringen und im Falle einer schweren Depression Psychotherapie überhaupt wirksam werden kann.

Antidepressiva – bei schweren Depressionen unverzichtbar

Die Wirkung von Antidepressiva ist in der Regel umso besser, je schwerer eine Depression ist. Deshalb sind antidepressive Medikamente in der Behandlung der schweren Depression unverzichtbar, auch wenn diese durch arbeitsbedingten Stress entstanden ist. Ausschlaggebend ist allein die Schwere der Depression. Leichte Depressionen können auch ohne Antidepressiva durch kurzfristige psychotherapeutische Interventionen, Entlastung und Schlafregulierung behandelt werden. Bei mittelschweren Depressionen ist mit dem Haus- oder Facharzt im Einzelfall zu entscheiden, ob eine antidepressive Medikation und/oder eine Psychotherapie sinnvoll ist. Mittelschwere Depressionen können zwar auch gut mit Psychotherapie behandelt werden – wenn die Wartezeit auf einen Therapieplatz nicht zu lang ist. Medikamente wirken aber schneller, sie entfalten ihre volle Wirkung in der Regel in vier bis fünf Wochen. Psychotherapie bessert die Depression dagegen oft erst nach zwölf Wochen, hat aber eine nachhaltigere Wirkung.[8] Es gibt keinen Hinweis, dass eine gleichzeitige medikamentöse und psychotherapeutische Behandlung schädlich sein könnte. Falls medikamentöse Behandlung und Psychotherapie parallel stattfinden, sollte es wenigstens einmal einen Kontakt zwischen Hausarzt oder Facharzt und Psychotherapeuten geben, damit tatsächlich mit vereinten Kräften gearbeitet wird.

Eine Besserung der Symptome durch eine antidepressive medikamentöse Behandlung setzt frühestens nach 14 Tagen ein. Dies ist für viele Patienten oft schwer auszuhalten. Und in der ersten Behandlungswoche können in der Regel leichte Nebenwirkungen auftreten, die oft nach fünf bis zehn Tagen wieder verschwinden. Deshalb ist es gut, gerade am Anfang der Behandlung engen Kontakt mit dem Arzt zu halten. Ist nach vier Wochen keine Besserung des Befindens eingetreten, sollte mit dem Arzt über eine Dosiserhöhung, ein anderes Präparat und eine Überprüfung des Behandlungsplans gesprochen werden. Ingesamt sind antidepressive Medikamente heute sehr gut verträglich. Sie verursachen keine Abhängigkeit, obwohl dieses Vorurteil noch immer weit verbreitet ist. Wenn sich unter antidepressiver Behandlung die Symptome gebessert haben, dürfen die Medikamente jedoch nicht gleich abgesetzt werden. Die Rückfallgefahr ist in den ersten sechs bis neun Monaten nach Verschwinden der Symptome noch groß: Die Depression hat eine Art Narbe hinterlassen, die erst langsam verschwindet. Deshalb wird empfohlen, die Medikation nach einer ersten depressiven Episode noch mindestens sechs bis neun Monate fortzuführen. Und auch danach ist es ratsam, das Antidepressivum über mindestens vier Wochen »auszuschleichen«, also die Dosis nach und nach zu verringern.[9] Falls schon mehrfach eine Depression aufgetreten sein sollte, wird empfohlen, die Behandlung mindestens über zwei Jahre weiterzuführen, um dann mit dem Arzt zu entscheiden, ob eine Fortsetzung der Medikation ratsam ist oder nicht.

Wie wählt der Arzt das geeignete Antidepressivum aus? Es gibt eine ganze Reihe von Präparaten, die alle etwa gleich wirksam sind. Die Entscheidung richtet sich erst einmal nach den vorrangigen Symptomen der Depression, ob zum Beispiel Unruhe und Schlafstörungen im Vordergrund stehen oder Antriebslosigkeit und Apathie. Auch mögliche Angst- und Zwangssymptome beeinflussen die Auswahl. Zum zweiten sind die unterschiedlichen Nebenwirkungsprofile der Präparate ausschlaggebend. Dabei sind mögliche körperliche Begleiterkrankungen und die Wechselwirkungen mit anderen Medikamenten zu berücksichtigen.

Lichttherapie und Schlafentzug können übrigens die Behandlung ergänzen. Dies ist im Einzelfall mit dem Arzt zu besprechen.

Psychotherapie – Hilfe bei Erschöpfung und probates Mittel gegen den Rückfall

Wer über die Erschöpfungsspirale in eine Stressdepression geraten ist, benötigt Unterstützung und Behandlung. Der erste und schwierigste Schritt ist, sich dies einzugestehen. Die Schwelle zum Gespräch mit dem Betriebsarzt oder Hausarzt, ja selbst mit dem Partner oder dem guten Freund zu überwinden, das ist für viele wie der Schritt »in die Höhle des Löwen«. Denn Hilfe in Anspruch zu nehmen wird oft als weitere Niederlage erlebt, als schamhaftes Eingeständnis, es nicht allein geschafft zu haben. Der Arzt oder Psychotherapeut wird dann in der Phantasie wie ein »Richter« erlebt, dem die »Straftat« des Versagens offenbart werden muss. Oder der Therapeut wird entwertet, gleichsam zum Stellvertreter der eigenen Schande und Niederlage, zum Schwächling degradiert – nach dem unbewussten Motto: »Je schwächer der ist, desto stärker werde ich wieder. Psychotherapie ist etwas für Irre, das habe ich nicht nötig!« Beides sind normale Reaktionsweisen in der Krise und jeder Therapeut ist darauf vorbereitet. Umgekehrt wird in den ersten Sitzungen oft erst klar, wie viel der vermeintlich Gescheiterte geschafft hat und dass er zuletzt Unmögliches von sich verlangt und dabei den Kontakt zu sich und seiner Umwelt verloren hat.

Der zweite Schritt heißt, die Diagnose Depression oder Stressdepression zu akzeptieren und sie in den eigenen Lebenszusammenhang zu stellen. Denn sonst besteht auch hier die Gefahr, dass die Depression als die Ursache der Krise wahrgenommen wird und in der Konsequenz der fatale Umkehrschluss entsteht: »Wenn ich nicht mehr depressiv bin, ist alles wieder gut.« Die Behandlung wird wie ein notwendiges Übel vordergründig akzeptiert, doch sobald es besser geht, werden Therapiesitzungen »aus Zeitgründen« nicht wahrgenommen oder Medikamente vorschnell eigenmächtig abgesetzt. Doch die Depression war nicht die Ursache der Krise und der Erschöpfung. Der Rückfall ist somit vorprogrammiert.

Wer sich zu einer Psychotherapie entschieden hat, steht nun vor der Qual der Wahl. Zunächst ist wichtig, Psychotherapie von Coaching zu unterscheiden. Coaching ist eine zeitlich befristete Beratung mit einem klar definierten Ziel. Coaching kann zum Beispiel den Wiedereinstieg in den Beruf nach einer Erziehungspause unterstützen oder bei einem Karrieresprung beratend zur Seite stehen. Coaching ist immer zielgerichtet, gemeinsam mit dem Coach wird dazu ein Aktionsplan erarbeitet. Coaching ist auf das Hier und Jetzt ausgerichtet, durch positive Förderung sollen die eigenen Ressourcen besser nutzbar werden. Psychotherapie fokussiert dagegen auf die Person in ihrem gesamten inneren Erleben und Verhalten einschließlich ihrer Vergangenheit. Im Vordergrund stehen Symptome oder Konflikte, zum Beispiel ein Autoritätskonflikt, der sich zwar auch in den aktuellen Arbeitsbeziehungen wiederfindet, der seine Wurzeln aber in den frühen Beziehungen und Bindungsmustern der Kindheit hat, oder ein Angstsymptom, das durch Lernen und Übung beseitigt werden soll.

Die Verhaltenstherapie

Innerhalb der Psychotherapie werden zwei Hauptrichtungen unterschieden: die tiefenpsychologische und die verhaltenstherapeutische. Die Verhaltenstherapie und ihre Weiterentwicklung in Form der Kognitiven Therapie gehen ursprünglich auf die Ergebnisse der Lernforschung zurück. Dysfunktionale Denk-, Wahrnehmungs- und Verhaltensmuster werden identifiziert und im therapeutischen Prozess bearbeitet.

Ein Beispiel für negative Denkschemata ist die negative kognitive Triade von Beck:[10] Menschen, die zur Depression neigen, haben ein schlechtes Bild ihrer selbst, ihrer Welt und ihrer Zukunft. Wenn sich jetzt ein negatives Lebensereignis ereignet, wird dieses negative Denkschema automatisch aktiviert und depressive Symptome können sich entwickeln. In der Therapie wird an diesen verzerrten Einstellungen und den damit verbundenen Verhaltensweisen gearbeitet, so dass zum Beispiel negative Einstellungen durch realistischere und positivere Sichtweisen ersetzt werden können. Die Therapie findet meist in wöchentlichen Sitzungen über vier Monate und länger statt.[11]

Die tiefenpsychologische Therapie

Eine tiefenpsychologische Behandlung findet ebenfalls einmal wöchentlich statt, als Kurztherapie von 15 bis 20 Sitzungen oder als länger dauernde Behandlung mit 50 bis 80 Sitzungen. Die tiefenpsychologische Methode geht von einem zentralen Beziehungskonflikt aus, der sich in den aktuellen wie früheren Beziehungen zeigt und sich im Verlauf der Behandlung auch in der Beziehung zum Therapeuten andeutet und an aktuellen Beziehungssituationen durchgearbeitet wird. Die klassische Psychoanalyse findet dagegen in zwei bis vier Sitzungen pro Woche mit über 150 und mehr Sitzungen statt. Hier rückt die Person des Analytikers in Verbindung mit der hohen Behandlungsfrequenz ganz in den Vordergrund und entsprechend ist die Behandlung auf Übertragung und Abwehrverhalten fokussiert.[12]

Es gibt natürlich noch zahlreiche weitere Therapieformen wie die Gesprächstherapie[13] mit einem humanistischen Ansatz, die speziell für die Depressionsbehandlung konzipierte Interpersonelle Psychotherapie der Depression[14] und familientherapeutische Verfahren.[15]

Sport, Entspannung, Meditation, Körpertherapie

Der Körper spielt in der Depressionsbehandlung wie auch in der Rückfallverhütung eine der Seele durchaus vergleichbare Rolle. Neuere Untersuchungen belegen zum Beispiel, dass durch sportliche Aktivität die Produktion von Wachstumsfaktoren im Gehirn angeregt wird:[16] zum Beispiel der *brain-derived neurotrophic factor* (BDNF), der in der Depression herunterreguliert ist und durch antidepressive Medikamente wieder ansteigt. Im Grunde wirkt Sport hier wie ein Antidepressivum. Viele Depressive wissen das und spüren, wie sie sich nach körperlicher Betätigung deutlich besser fühlen. Wissenschaftlich belegt ist auch, dass ein meditatives Verfahren wie Yoga zusammen mit einer auf Selbstachtsamkeit (siehe auch Kapitel 5) basierten kognitiven Therapie Rückfälle in die Depression wirkungsvoll verhindern kann.[17]

Auch Entspannungsverfahren, etwa die Progressive Muskelrelaxation nach Jacobson, autogenes Training und atemübende Verfahren, sind hervorragende Hilfsmittel zur Stressbewältigung und somit gut als Präventionsmaßnahmen geeignet. Inzwischen werden Kurse an allen Volkshochschulen angeboten. Auch Krankenkassen und viele Arzt- und Psychologenpraxen bieten diese Entspannungsverfahren an.

Yoga, Qi Gong und Tai Chi zielen auf Ausgleich und Harmonie polarisierender Kräfte, vergleichbar der Anspannung und Entspannung oder der beiden Gegenspieler Sympathikus und Parasympathikus des autonomen Nervensystems. Sie sind deshalb gut geeignet, die innere Balance wiederherzustellen und zu erhalten.

Alle Therapien oder Möglichkeiten der Prävention vorzustellen würde den Rahmen dieses Buches sprengen. Entscheidend ist, dass jeder für sich selbst ein ihm angenehmes Verfahren findet, das er auch für längere Zeit oder auf Dauer anwenden kann.

Was kann der Partner tun?

Der Partner ist von der Depression immer mitbetroffen und sollte in die Behandlung miteinbezogen werden. In der Regel ist zumindest ein gemeinsames Gespräch mit dem behandelnden Arzt sinnvoll. Es ist gut, wenn der Angehörige Mut und Hoffnung macht und zuhört. Die beste Einstellung ist: »Die Depression ist schlimm. Aber sie wird vorübergehen.« Beschuldigungen oder die Aufforderung, sich zusammenzureißen, nützen dagegen nichts. Der depressiv Erkrankte würde ja nichts lieber tun. Die Ermutigung zu kleinen Schritten ist hilfreich, große »Beglückungsaktivitäten« hingegen können die Depression sogar verstärken: So wie der Ehemann, der seine depressive Ehefrau mit einem Wochenende in London aktivieren und beglücken möchte. Sie fährt zwar mit, läuft mit ihrem Mann durch London, zwingt sich und fühlt doch nichts, und am Ende der Reise hat sie das zusätzliche Schuldgefühl, jetzt auch noch die Reise »vermasselt« und den Ehemann vollends enttäuscht zu haben. Kleine Schritte heißt, einen kleinen Spaziergang zu unternehmen, eine CD zu hören, ein Telefonat zu führen. Die Autonomie des Erkrankten sollte dabei immer gewahrt bleiben, er sollte nicht wie ein kleines Kind »betüttelt« werden. Suizidale Äußerungen oder Absichten sind immer ernst zu nehmen und sollten zum sofortigen Arztbesuch oder -telefonat führen! Wichtig ist schließlich, dass der Partner selbst auf sich achtet, sich Zeit für sich nimmt und über die Situation und seine Gefühle mit einem guten Freund oder einer guten Freundin, anderen Familienmitgliedern oder dem Arzt spricht. Inzwischen gibt es auch zahlreiche Selbsthilfegruppen, die Unterstützung geben können. Denn für den Partner ist das Leben mit einem Menschen, der an einer Depression erkrankt ist, eine typische Dauerstresssituation. Entlastung beugt der eigenen Erschöpfung vor.

Kapitel 5

Das kreative Gleichgewicht: Warum Gesundheit und Wohlbefinden ein stetiger Balanceakt ist

Am besten wäre es natürlich, wenn wir uns im Job gar nicht so verausgaben würden, dass er uns erschöpft – und auf Dauer sogar ernsthaft krank macht. Wenn wir auch in Zeiten mit Zeitdruck oder bei Turbulenzen im Unternehmen relativ entspannt durch den Tag gehen könnten, wenn wir einfach merken würden, was uns stresst, was uns Energie raubt und uns erschöpft – und wenn wir wüssten, was man dagegen tun kann. Möglichst ohne unsere Leistung zu vermindern. Wenn wir auch den Kopf oben behalten könnten, wenn im Arbeitsleben mal alles schief läuft, vielleicht sogar die Arbeitslosigkeit droht. Kurz: Wenn es uns tagtäglich gelingen würde, eine gute Balance zwischen Engagement im Job und Erholung zu leben, wenn es uns gelingen würde, den Sinn der Arbeit nicht mit dem Sinn des Lebens zu verwechseln – und so auch auf Dauer psychisch gesund zu bleiben.

Aber wie soll das gehen? Schließlich ruft der Chef meist erst kurz vor 18 Uhr an und hat noch eine dringliche Aufgabe, die nur Sie mit Ihrer Kompetenz erledigen können. Oder ein Patient braucht auch nach 8 Uhr morgens noch Ihre Hilfe, obwohl der Nachtdienst schon seit einer Stunde vorüber ist und Sie bereits hundemüde sind. Oder eine Projektdeadline liegt in 24 Stunden – und es wäre Wahnsinn, jetzt einfach um 17 Uhr Schluss zu machen, um Ihre Verabredung zum Sport einhalten zu können. Fast jeden Tag gibt es hundert drängende Gründe, warum man eben doch länger oder mehr arbeitet oder sich zumindest im Geiste mehr mit seinem Job beschäftigt, als es für eine ausgewogene Work-Life-Balance zuträglich wäre. Nicht umsonst klagen 60 Prozent der Europäer darüber, dass sie sich ständig unter Zeitdruck fühlen. Wer sich für seinen Job interessiert, hat einfach immer noch eine wichtige Aufgabe auf der To-do-Liste.

Fast scheint es so, als sei dies der unvermeidliche Preis, den man in der heutigen Arbeitswelt bezahlen muss, wenn man ihre Vorteile genießen möchte: die Möglichkeit, weitgehend selbstständig zu arbeiten und auch Verantwortung zu übernehmen. Die Möglichkeit, seine Talente und Fähigkeiten einzubringen und weiterzuentwickeln. Die Möglichkeit, im Team oder Unternehmen etwas zu bewegen, kein anonymes Rädchen im Regelwerk zu sein, sondern ein Mitarbeiter mit eigenen Interessen, Ideen und Vorstellungen, die er auch umsetzt. Und dieser Anspruch passt irgendwie nicht zu dem Anspruch auf Abgrenzung und Erholung.

Zudem geben die Unternehmen die Strukturen vor, in denen man arbeitet, sich entfaltet, im Idealfall selbst verwirklicht. Das Unternehmen bestimmt, ob Überstunden erwünscht und knappe Deadlines normal sind, ob es möglich ist, zusätzliche Aufgaben abzulehnen und die Chefs interessiert oder sauer auf konstruktive Kritik reagieren. Diesen Gegebenheiten muss man sich doch anpassen, wenn man im Job weiterkommen will. Oder?

»Die äußeren Werte werden häufig viel zu sehr überschätzt«, ist der Mediziner und Klinikchef Bernd Sprenger überzeugt, den wir nach seinem persönlichen Balance-Rezept fragten. Sprenger orientiert sich lieber an seinen inneren Überzeugungen – im Privat- wie im Berufsleben. Denn eine Trennung der beiden Felder hält er für unsinnig. Schließlich habe man nur *ein* Leben!

Diese These klingt provokant – und viele denken vielleicht: Klar, ein Arzt in leitender Position kann sich das leisten. Aber eine Angestellte? Jemand in einem sozialen Beruf? Jemand, der eine kleine Firma hat, die direkt von der Marktlage abhängt? Ein Arbeiter? Wie soll das da gehen?

Allerdings zeigt sich in der klinischen Praxis bei der Behandlung von Menschen mit Erschöpfungsdepressionen immer wieder, dass eines der großen Probleme der Betroffenen ist, dass sie die äußeren Werte über die inneren gestellt haben. Dass sie versuchten, den Anforderungen ihres Arbeitgebers oder des Marktes gerecht zu werden. Immer in der Hoffnung, dass ihre Mühe irgendwann belohnt werden würde: sei es mit weniger Arbeit (»Wenn der Berg erklommen ist, wird es besser werden«) oder mit einer Beförderung (»Dass ich so gut und fleißig bin, wird bestimmt honoriert werden«) oder zumindest mit einem sicheren Arbeitsplatz (»Ich habe immer alles für die Firma gegeben, das wird meinen Job sichern«). Die Unternehmenskultur wurde für sie zum wichtigen Orientierungsrahmen in der Welt.

Bei ihrem Engagement blieben ihre persönlichen inneren Werte, Wünsche und Bedürfnisse allerdings auf der Strecke. Denn ein Unternehmen orientiert sich am Markt und nicht an den Menschen. Als Bezugsrahmen zur persönlichen Orientierung ist es deshalb denkbar ungeeignet, wie wir in Kapitel 2 gezeigt haben.

Drei wichtige Orientierungsfragen

Der Weg aus der Erschöpfungsspirale führt also nicht über noch bessere Anpassung an die Gegebenheiten, indem man noch schneller arbeitet, seine Projekte noch effizienter managt, sich noch besser über die Abläufe im Unternehmen informiert, sondern eher über das genaue Gegenteil: Ein gewisser Eigensinn, ein Sinn für das Eigene, stoppt den Stress und weist den Weg aus der Erschöpfungsspirale.

Sozusagen als Wegweiser haben wir drei grundlegende Fragen formuliert. Sie helfen dann bei der Orientierung, wenn man sich auf den Weg machen möchte, um aus der Erschöpfungsspirale auszusteigen (oder gar nicht erst hineinzuschlittern):

1. Achte ich gerade genug auf mich selbst, meine Rhythmen, Bedürfnisse und Körpersignale?
2. Wie verantwortlich und wertschätzend bin ich im Moment mir selbst und mir wichtigen anderen Menschen gegenüber?
3. Entspricht meine Arbeit meinen persönlichen Wertvorstellungen und Lebenszielen?

Auf diese Fragen gibt es keine allgemein gültigen Antworten. Jeder Mensch hat seine eigene Strategie, sein Leben zwischen all den verschiedenen Anforderungen und Wünschen in Balance zu bringen, seine Seele gesund zu halten. Deshalb haben wir uns dafür entschieden, verschiedene Menschen nach ihren ganz persönlichen Antworten zu fragen. Menschen, die viel und engagiert arbeiten, aber trotzdem im seelischen Gleichgewicht sind. Unsere Gesprächspartner stehen stellvertretend für ganz verschiedene Wege zur persönlichen Balance. Wir haben einen leitenden Angestellten, eine Selbstständige, eine Sozialarbeiterin und einen Projektmanager befragt. Menschen, die für viele Arten von anspruchsvollen Jobs und zugleich für ganz unterschiedliche Bildungsniveaus und Arbeitsumfelder stehen. Wir haben dabei mit einem gesprochen, der eine Erschöpfungskrise durchlebte und heute wieder in seinem alten Job arbeitet – er erzählt, was sich für ihn verändert hat und wie er sich heute vor Erschöpfung durch den Job schützt. Vielleicht können unsere Interviewpartner eine Anregung sein, über Ihre eigenen Antworten auf diese Fragen nachzudenken – und sich damit bereits ein Stück weit auf den Weg zu mehr Balance zu begeben.

Die Führungskraft: »Ich trenne nicht zwischen Arbeit und Leben«

Dr. Bernd Sprenger ist Arzt und Psychotherapeut. Der 52-Jährige leitet die Oberbergklinik in Berlin-Brandenburg. Ein Knochenjob, zudem Sprenger sowohl die Position des ärztlichen Direktors als auch die des Verwaltungsdirektors der Klinik in seiner Position vereint. »Meine Arbeitszeit kann ich in Stunden gar nicht benennen«, gibt Sprenger denn auch zu.

Auf der anderen Seite sieht er gerade in der großen Verantwortung einen Schlüssel für seine persönliche Zufriedenheit und Kraft: »Ich halte den Anteil an Fremdbestimmung möglichst klein! Das funktioniert allerdings nur, wenn ich viel Verantwortung übernehme, auch wenn das paradox klingt.« Sich fremdbestimmt zu fühlen, Anweisungen zu folgen, die man nicht mitträgt, unsinnige Vorschriften – all das findet Sprenger extrem kräftezehrend und anstrengend. Lieber nimmt er möglichst viele Fäden seines Jobs selbst in die Hand – auch wenn das mehr Arbeitszeit bedeutet.

Und er achtet trotz der vielen Verantwortung sehr darauf, dass der Job ihn nicht auffrisst. Interessanterweise hält er genau aus diesem Grund nichts von Konzepten der Work-

Life-Balance. »Work-Life-Balance halte ich für einen unglücklichen Begriff, weil er unterstellt, dass ich nicht lebe, wenn ich arbeite«, sagt Sprenger. Und er ist überzeugt: »Wer versucht, Arbeit und Leben strikt zu trennen, ist schon in der Bredouille.« Wenn Sprenger abends ein interessantes Fachbuch liest, mit Kollegen oder Funktionären essen geht, beim Spazierengehen über ein Klinikprojekt nachdenkt, das ihn fasziniert – ist das Arbeit oder Freizeit? »Das Geheimnis ist, zu sagen, ich habe ein Leben. Ich trenne Arbeit und Leben nicht«, das ist Sprengers Schlussfolgerung aus diesen Überlegungen – und in diesem Leben steht eben mal die Familie an Platz eins, mal der Job und auch mal seine ganz persönlichen Wünsche und Interessen. Arbeit geht eben nicht vor Leben, sondern Arbeit ist integrativer Teil unseres Lebens.

Dabei nimmt der Arzt sich die Freiheit, jeden Tag nach seinen persönlichen Wertvorstellungen zu entscheiden, was gerade Vorrang hat: Arbeit oder Privatleben. Das Abendessen mit wichtigen Funktionären oder das Domsingen der Tochter. Mal sagt er der Familie ab, mal müssen die Funktionäre ohne ihn auskommen.

Natürlich birgt so ein Verhalten auch Konflikte. Funktionäre verstehen nicht unbedingt, dass ein Klinikleiter einen Abendtermin aus privaten Gründen absagt. Und die Familie sieht nicht gerne, wenn er sich am Wochenende lieber mit einem interessanten Klinikthema als mit ihr beschäftigt. Aber: »Wer so lebt wie ich, kann zu seiner Tochter nicht mehr sagen: Ich kann leider nicht zu deiner Theateraufführung kommen, weil ich arbeiten muss. Er muss sagen: Die Arbeit ist mir gerade wichtiger.« Und so jemand kann nach Sprengers Ansicht auch nicht mehr sagen, dass er einen Job weitermacht, obwohl er ihm nicht mehr gefällt. »Ich bin 13-mal umgezogen, habe manchen sicheren Job aufgegeben – das ist der Preis, den ich zahlen muss, wenn ich mich an der inneren Haltung und meinen Werten orientiere«, erzählt Sprenger. Kein bequemes Leben. Aber eins in Balance mit sich selbst.

»Ich trenne nicht zwischen Arbeit und Leben«

Der Arzt und Psychotherapeut sieht seine gute Ausbildung als wichtige Basis dafür, dass er seiner inneren Haltung treu bleiben kann. Er hat schließlich immer wieder einen sehr guten Job gefunden.

Natürlich ist aber auch jemand, der so reflektiert lebt, nicht davor gefeit, dass ihm mal alles über den Kopf wächst: die Termine, die Verantwortung, die vielen Pläne. Dass ihm der Schädel brummt, er nachts aufschreckt, weil sich die Gedanken drehen. Dann reagiert Sprenger nicht mit ausgefeilten Strategien oder Veränderungen, sondern mit sehr einfachen Mitteln. »Wenn ich Anzeichen von Erschöpfung an mir bemerke, dann konzentriere ich mich radikal auf meine Grundbedürfnisse«, erklärt Sprenger. Wenn er merkt, dass er übermüdet ist, geht er mal nach der *Tagesschau* ins Bett. Wenn er merkt, dass er keinen klaren Gedanken mehr fassen kann, geht er eine Runde joggen. Auch während der Arbeitszeit. Er achtet auf eine gute Ernährung, genügend Schlaf und Bewegung. Er meditiert. Das bringt ihn wieder in Balance.

Außerdem nimmt sich Sprenger regelmäßig die Zeit, seine Position zu überprüfen und seinen inneren Kompass neu zu justieren. Gleichzeitig hat er es sich abgewöhnt, seinen Lebensweg ständig in Frage zu stellen oder bei jeder Schwierigkeit den Kurs zu wechseln. Am Ende entstand eine Mischung aus Positionsbestimmung und Zielgerichtetheit: »Ich schließe mit mir selbst eine Art Vertrag ab. Zum Beispiel, dass ich den Job noch ein Jahr mache. Oder fünf. Und diesen Vertrag stelle ich dann auch nicht immer wieder in Frage, bloß weil Stress oder Streit kommt. Das spart viel Energie.« Bei seinen Patienten mit psychischen Problemen beobachtet Sprenger häufig, dass ihnen genau dieser Mut zur Entscheidung fehlt: »Ausgebrannte Menschen entscheiden sich häufig nicht. Letztlich bleiben sie deshalb in der Vielfalt bewegungslos.«[1]

Die Energie-Expertin:
»Ich folge meinem inneren Rhythmus«

Dr. Verena Steiner ist Bestsellerautorin, Seminarleiterin und gefragte Referentin für Führungskräfte. Ein Fulltime-Job, könnte man meinen. Trotzdem legt sich die ehemalige Dozentin an der Technischen Hochschule Zürich nachmittags um halb vier regelmäßig zu einem 30-minütigen Nickerchen hin. Abends arbeitet sie grundsätzlich nicht und auch den Sonntag hält sie sich wenn möglich immer frei. Zudem treibt sie als ehemalige Langstreckenläuferin viermal in der Woche Sport und macht sonntags zum Beispiel eine siebenstündige Wanderung. Außerdem erprobt die Biochemikerin am Wochenende leidenschaftlich gerne komplizierte Rezepte. Man fragt sich, wie Verena Steiner in drei Jahren zwei Bestseller schreiben, Hunderte von Managern schulen konnte und dazu noch an mehreren Hochschulen lehrt. Ihre Antwort: »Nur so!«

Denn Pausen sind für Verena Steiner das A & O für kreative Kopfarbeiter wie Wissenschaftler, Führungskräfte und viele Selbstständige. »Geschwindigkeit ist alles, das ist derzeit die innere Überzeugung der meisten. Aber dieses Denken wirkt anspruchsvoller Arbeit entgegen«, ist Steiner überzeugt, denn »arbeiten ohne Pausen ist ein Killer für hervorragende geistige Arbeit.« Kopf und Körper brauchen Pausen, um sich zu erholen und auch über lange Zeit optimal arbeiten zu können. Da stimmt nicht nur der alte Spruch: Ein müder Kopf studiert nicht gerne, das zeigen auch zahlreiche aktuelle Studien. Schon fünf Minuten Pause pro Stunde nutzen sehr viel – doch zahlreiche Vielarbeiter nehmen sich noch nicht mal diese Zeit.

Dabei gehen bei diesem gehetzten Arbeitsstil vor allem die wesentlichen Aufgaben unter, weiß Steiner. Nicht nur Konzentration und Kreativität bleiben auf der Strecke, sondern auch die »übergeordneten Denkfunktionen«. Damit meint Verena Steiner die Stunden, die Führungskräfte und selbstständig arbeitende Menschen brauchen, um über laufende und zukünftige Projekte und die großen Ziele zu reflektieren. »In unserer dynamischen Zeit verändert sich täglich so viel, dass man nicht mehr so arbeiten kann, dass man ein Projekt beginnt und es verfolgt, bis es fertig ist«, sagt Steiner. Man müsse vielmehr immer wieder den Standort bestimmen, die Entwicklung und die Sinnhaftigkeit des Projektes für die Ziele des Unternehmens, aber auch für die eigenen Ziele überprüfen – und bei Bedarf den Kurs verändern. Diese Zäsur braucht Zeit. Regelmäßig.

Verena Steiner hat sich deshalb angewöhnt, ein Job-Journal zu schreiben, sozusagen als Entschleuniger, Ort der Fokussierung und Denkraum. Um der Beschleunigungsfalle zu entgehen, schaut Steiner außerdem nur einmal am Tag in ihre E-Mails. Sie antwortet dabei nicht spontan, sondern schläft einmal drüber. Sie weiß, zu welcher Tageszeit sie welche Aufgaben verrichten will, so dass die Anforderungen optimal mit ihrem inneren Rhythmus und ihrer Leistungsfähigkeit zusammenpassen: Am frühen Morgen schreibt sie deshalb an Buchprojekten und Konzepten. Gegen 11 Uhr ist die Zeit des E-Mail-Checkens, der Telefonate und Korrespondenz. Nachmittags redigiert sie ihre Texte am Computer. Auch Sport ist ein Termin im Terminkalender, der auch bei dringlichen Abgaben nicht verschoben wird. »Den optimalen Arbeitsrhythmus zu finden ist ein lebenslanger Prozess des Sich-selbst-Beobachtens, des Experimentierens und Optimierens.« Ihr macht diese Selbstwahrnehmung Spaß. Und der Erfolg ihrer Bücher und Trainings gibt ihr Recht. Natürlich hat sie als Selbstständige mehr Freiheiten, ihren Tag nach ihrem Gusto einzuteilen, als eine angestellte Führungskraft. Aber auch Angestellte könnten mehr für einen gesünderen Rhythmus im Arbeitstag tun, als sie gemeinhin annehmen.

In ihren Managementtrainings hat Steiner beispielsweise festgestellt, dass viele Führungskräfte mit ihrer Energie regelrecht verschwenderisch umgehen – und sich darüber wundern, dass sie völlig ausgepowert sind. Unstrukturierte Sitzungen, Arbeit ohne Pausen, der Kampf mit der Informationsflut, Besprechungen zu den Tageszeiten, in denen man eigentlich am effektivsten und kreativsten Denkaufgaben wie Konzepte, Anträge oder neue Ideen bearbeiten könnte, sind große Energiefresser. Steiner: »Viele Führungskräfte und andere Vielarbeiter verzetteln sich in der beschleunigten Welt. Sie haben oft Angst, etwas zu verpassen.« Produktiv ist das nicht. Und auch nicht gesund, weil es Kräfte zehrt, ohne einen seinen Zielen wirklich näher zu bringen.

Steiner fordert noch etwas Weiteres für mehr Balance: Schafft die Heldenmythen ab! Ihrer Erfahrung nach sind Vielbeschäftigte häufig bestimmten inneren Überzeugungen verfallen: »Ich muss den ganzen Tag auf Hochtouren laufen« ist so ein Mythos, aber auch »Ich muss immer erreichbar sein« oder »Wer lange und auch nachts und am Wochenende arbeitet, macht seinen Job besonders gut«. Diese Mythen rauben unnötig viel Energie. Steiner kennt erfolgreiche Manager, die ihrem Rat gefolgt sind und sich mittags für 15 Minuten zu einem kleinen Nickerchen zurückziehen. Sie kennt Führungskräfte, die nach einem Seminar bei ihr aufgehört haben, am Wochenende Akten mit nach Hause zu nehmen. Andere haben eine ganze Reihe Meetings am Vormittag aus ihrem Terminkalender verbannt. Sie haben Projekte, die ihren Sinn verloren hatten, aufgegeben. Und aufgehört, laufend ihre E-Mails zu checken. Der Karriere hat das alles nicht geschadet, im Gegenteil – und dem persönlichen Wohlbefinden viel genutzt.

Natürlich ist es nicht einfach, diese Mythen zu durchbrechen: »Es braucht gesundes Selbstwertgefühl, um Dinge entgegen der Firmenkultur zu machen«, weiß Steiner. Und sie sagt: »Perfektionisten haben bisweilen mit Veränderungen ein besonderes Problem.« Verena Steiner haben die Erfahrungen mit Managern, Wissenschaftlern und anderen Vielbeschäftigten angeregt, sich vertieft mit der Frage auseinander zu setzen, wie man auch bei intensivem Arbeitsprogramm entspannt und kreativ und leistungsfähig bleibt. 2005 veröffentlichte sie ihre Erkenntnisse in ihrem Buch *Energiekompetenz: Produktiver Denken, wirkungsvoller arbeiten, entspannter leben.* [2]

Die Sozialarbeiterin: »Ich kann gut abschalten«

Astrid Kelter ist Diplom-Sozialpädagogin und arbeitet seit über zehn Jahren mit Psychiatriepatienten, derzeit in einer Klinik auf der geschlossenen Station. Sie ist für die 32 Menschen mit psychischen Problemen und Krankheiten auf der Station und für ambulante Klienten zuständig. Täglich spricht sie mit Männern und Frauen, die Suizidversuche hinter sich haben, unter Panikattacken und Psychosen leiden. Sie besucht Klienten, die verwahrlost und verdreckt in Müllbuden wohnen. Andere versinken in einem Berg an Schulden. Kelter hat Klienten, die seit Monaten ihre Wohnung so gut wie nicht verlassen haben, und solche, die nicht mehr mit Leuten, sondern nur noch mit dem Computer kommunizieren. Sie hat viel zu tun mit Menschen, die unter verrückten Lebensumständen leben. Und sie versucht allen zu helfen, wo es möglich ist. Sie liebt ihre Arbeit, aber »natürlich ist sie belastend und die Geschichten der Menschen gehen einem schon nach«.

Als allein erziehende Mutter eines elfjährigen Sohnes hat sie auch zu Hause nur wenig Zeit, die Füße auf die Couch zu legen. Fußball, Hausaufgaben, Essen kochen – auch privat hat Astrid Kelter eine Menge fester Termine. Wie schafft sie es nur, trotzdem ausgeglichen und zufrieden zu sein? »Ich kann gut abschalten«, sagt Kelter. Die 30-minütige Autofahrt zum und vom Job nach Hause ist ihre Schleuse zwischen Privat- und Jobleben. »In der Zeit rückt meine nächste Aufgabe immer Stück für Stück näher, die alte Aufgabe fällt von mir ab.

Wenn ich nach Hause fahre, denke ich immer mehr daran, dass ich abends noch mit meinem Sohn zum Fußballtraining gehe, was wir zu Abend essen. Und wenn ich vor der Haustüre parke, dann ist die Arbeit schon ganz weit weg«, erklärt die Sozialpädagogin.

Außerdem hat sie sich mit der Geburt ihres Sohnes ein paar Prinzipien gesetzt: »Ich halte meine Arbeitszeiten ein.« Früher arbeitete sie oft von 8 Uhr morgens bis 20 Uhr abends. Heute geht sie pünktlich. Das hat sie ihrem Chef auch ganz klar gesagt. »Wenn das nicht akzeptiert worden wäre, hätte ich mich nach einer anderen Arbeit umgesehen«, sagt Kelter. Sie hatte schon ein Konzept für eine mögliche Selbstständigkeit in der Tasche. »Dieses Gefühl, dass ich auch anders als in meinem jetzigen Job mein Geld verdienen könnte, ist mir sehr wichtig, auch wenn ich meine Arbeit hier so mag«, erzählt Kelter. Vor elf Jahren half ihr diese Gewissheit, ihre Wünsche bei der Arbeitszeit durchzusetzen. Doch auch heute gibt ihr das Wissen, dass sie immer eine interessante Arbeit für sich finden würde, Sicherheit in ihrem Job. Denn gerade im Gesundheitswesen werden laufend Kliniken verkauft, neu strukturiert, Abteilungen geschlossen. »Wenn es zu Veränderungen kommt, die ich nicht mittragen möchte, würde ich immer erst versuchen, etwas zu verändern. Wenn das nicht ginge, würde ich erst schauen, ob ich vielleicht doch mit den neuen Bedingungen leben und arbeiten kann. Und wenn nicht, dann würde ich mir eben eine andere Arbeitsstelle suchen.« Diese innere Unabhängigkeit und das Gefühl, aktiv das eigene Leben zu gestalten, ist Kelter extrem wichtig – und macht sie ihrer Ansicht nach ausgeglichen und zufrieden.

Sport und Zeit mit Freunden sind die anderen Standbeine ihrer Balance. »Natürlich bin ich nach meinem Arbeitstag manchmal angespannt, deshalb ist Sport für mich ganz wichtig«, erklärt Astrid Kelter. Statt ins anonyme Fitnesscenter zu gehen, hat sie gemeinsam mit den anderen Fußball-Müttern einen privaten Fitnesskurs organisiert. Zweimal in der Woche treffen sich die Frauen zu Gymnastik und Aerobic. Im Sommer gehen sie gemeinsam joggen. Einmal im Monat gehen sie gemeinsam essen. Am Wochenende treffen sie sich auf den Zuschauertribünen des Fußballstadions, in der Woche beim Training ihrer Söhne. »Hier hat sich Hobby und Freundschaft verbunden«, freut sich Kelter. Und das ist ihr wichtig, denn sie weiß: »Als allein erziehende Mutter mit Job kann es schnell passieren, dass man sich auf diese zwei Bereiche zurückzieht.« Dass das nicht eintritt, findet Kelter extrem wichtig. Bei ihren Klienten sieht sie täglich, wie der soziale Rückzug die eigenen Probleme ins Unermessliche wachsen lässt – während der Kontakt mit Menschen ausgleichend auf die Seele wirkt.

Für einen neuen Mann ist allerdings in ihrem Leben gerade kein Platz. »Ich habe mich bewusst entschieden, keine neue Beziehung einzugehen, bevor mein Sohn 14 oder 15 ist«, erzählt Kelter. »Die zwei Themen Kind und Job sind gerade die zentralen Themen in meinem Leben – und da bekomme ich den Wechsel gut hin. Eine neue Beziehung hat keinen rechten Platz.« Und auch wenn sie manchmal einen Partner vermisst, so weiß die 40-Jährige doch: Drei Jahre sind keine Ewigkeit. Wenn ihr Sohn dann immer mehr seine eigenen Wege geht, wird sie wieder mehr Zeit haben, ein neues Spielfeld in ihrem Leben zu eröffnen. Im Leben ist einfach nicht immer alles gleich wichtig.

Der Projektmanager:
Die Krise gibt dem Leben eine neue Richtung

Als Georg B. seine ersten Sitzungen beim Psychiater hinter sich hatte, ging es ihm schon etwas besser: »Letztlich war die Diagnose Depression auch eine Erleichterung. Ich war wirklich mit meinem Latein am Ende«, erzählt der 45-Jährige. »Ein Schlüsselsatz war für mich, als der Arzt mir sagte, dass die Entscheidung bei mir liegt, ob der Job mich kontrolliert oder ob ich den Job kontrolliere.« Allein hatte B. jedoch nicht mehr die Kraft, sein Leben wieder in den Griff zu bekommen. Zu weit war er auf der Erschöpfungsspirale nach unten getrudelt.

Erst nach einer mehrwöchigen Arbeitspause und einer Behandlung mit Antidepressiva und Schlafmitteln in der akuten Krise konnte er im Laufe von Monaten und mit Hilfe eines Therapeuten eine neue Einstellung zum Job und neue Arbeitsweisen entwickeln: Er beschäftigte sich mit seinem inneren Zwang, immer mehr leisten zu müssen. Er begriff, dass er nicht nur die Arbeitszeit, sondern auch das Arbeitspensum verringern muss, wenn er auf Dauer gesund bleiben möchte. Er gab einige Projekte ab und lernte, besser darauf zu achten, welche Aufgaben für ihn wirklich wichtig sind und welche nicht. Er hat viel gelesen und gelernt über Zeitmanagement, Führung und Umgang mit Stress. Er lernte, sich ab und zu ein Wochenende arbeitsfrei zu halten und Zeit für Sport und Familie einzuplanen. Und er lernte, die Warnzeichen einer Überlastung, wie Kopf- und Rückenschmerzen, ernst zu nehmen. »Für mich ist und war die Arbeit eine Möglichkeit der Selbstverwirklichung. Das hat sich nicht verändert. Aber vorher habe ich das um jeden Preis gemacht und nicht darauf geachtet, dass ich nebenher auch noch Mensch bin«, sagt Georg B. heute, drei Jahre nach den Panikattacken und der großen Krise.

Er ist auf der Erschöpfungsspirale wieder nach oben geklettert. Aber es war mühsam. Inzwischen ist die Beförderung, von der B. immer träumte, Wirklichkeit geworden. Und wenn die Kopfschmerzen wieder häufiger werden: Spätestens dann zieht Georg B. die Notbremse und tritt langsamer.

Heute sieht der 45-Jährige seine Krise sogar nicht mehr als persönliches Versagen, sondern als Chance für einen Neubeginn: »Heute finde ich mein Leben wieder lebenswert. Das war lange Zeit nicht so.«

Was können wir von diesen Menschen lernen?

Unsere Interviewpartner zeigen: Jeder Mensch erlebt andere Arbeits- und Lebenssituationen als sehr stressend. Und auch Menschen, die ihr (Arbeits-)Leben als ausgeglichen empfinden, haben keine Patentrezepte zu bieten. Sie entwickeln vielmehr sehr persönliche Wege, um mit den Anforderungen im Arbeitsleben und mit Stress umzugehen, um ihre inneren Bedürfnisse, Familie und privaten Interessen auch in anspruchsvollen Jobs nicht aus dem Auge zu verlieren. Bleibt die Frage: Was können wir von diesen Menschen lernen?

Wir haben elf Punkte zusammengestellt, die uns für den gesunden Umgang mit der Erschöpfungsspirale zentral erscheinen. Sie können als praktischer Anreiz dienen, um über seine eigene Work-Life-Balance nachzudenken. Vielleicht bieten sie die eine oder andere konkrete Anregung, die es zu vertiefen lohnt.

1. Arbeits-Leben

Jedem unserer Interviewpartner macht die eigene Arbeit Freude. Arbeit und Leben können für sie nicht voneinander getrennt werden. Arbeit wird nicht als Pflicht oder Last erlebt, sondern als kreativer und bereichernder Teil des Lebens. Der Sinn der Arbeit und der Sinn des Lebens sind für sie zwar nicht das Gleiche, aber sie ergänzen sich.

Der Mediziner, die Autorin, die Sozialpädagogin, der Projektmanager – in ihrer Arbeit fühlen sie sich erfolgreich. Nicht, weil sie die bestbezahlten Jobs oder die steilste Karriere gemacht haben, sondern weil ihre Arbeit ihren persönlichen Neigungen entspricht. »Erfolgreich sind Sie dann, wenn Sie Ihre Träume wahr machen und Ihre persönlichen Ziele erreichen. Und da wir nicht alle dieselben Träume verfolgen, gibt es auch keinen verbindlichen Maßstab für Erfolg«, schreibt die Psychologin Marion Lemper-Pychlau treffend in ihrem Buch *Erfolg durch Selbstcoaching*.[3] Unsere Gesprächspartner haben zwar auch erkannt, dass ihre Arbeit einen starken Faktor von Fremdbestimmung enthält, dies führt für sie aber nicht dazu, die Arbeit vom eigentlichen Leben abzugrenzen, sondern dazu, die Arbeit als integrativen Teil des eigenen Lebens zu verstehen.

Wir müssen je nach Situation *bewusst* entscheiden, wo die Grenze zwischen unserer Arbeit und uns selbst, unserer Familie, Freunden und Freizeitaktivitäten verlaufen soll. Was macht Arbeit lebenswert? Wenn sie mit den Zielen vereinbar ist, die wir uns insgeheim für unser Leben ausgewählt haben. Wenn sie uns Anerkennung und Förderung gibt. Und wenn sie uns spielen lässt, uns einen Spielraum ermöglicht, in dem wir selbst kreativ sein können und in dem wir etwas bewirken. Der amerikanische Psychologe Mihaly Csikszentmihalyi beschreibt in seinem Buch *Flow im Beruf* sehr umfassend, wie dieses »Aufgehen im eigenen Tun« auch im Job zu einem tiefen Gefühl von Glück und Genuss sorgen kann.[4]

2. Eigensinn

Alle unsere Interviewpartner hatten ganz persönliche Strategien im Umgang mit ihrer Arbeit entwickelt – die sich im fortlaufenden Leben immer wieder veränderten. Den Mediziner, die Bestsellerautorin und die Sozialpädagogin zeichnen aber eine Kraft und Fähigkeit aus, im wahrsten Sinne des Wortes auch *eigensinnige* Entscheidungen zu treffen und dafür die Verantwortung zu tragen. Eigene Werte und eigene Vorstellungen von Lebenszielen und Lebenssinn führen in ihrem Leben im Großen wie im Kleinen zu konflikthaften, aber immer konstruktiven Lösungen. Und wenn dies in einem Job nicht mehr möglich sein sollte, ist jeder bereit, den Arbeitsplatz zu wechseln. Keiner der drei hat Angst vor dieser Veränderung, weil er ein Vertrauen in sich und seine Fähigkeiten entwickelt hat, auch mit einer neuen Situation zurechtzukommen.

Hierfür sind sicherlich Voraussetzungen wie Bildung und Gesundheit erforderlich, aber auch ein sicheres und kohärentes Selbstgefühl, das es möglich macht, dass wir uns unabhängig von Ort, Zeit und Situation als Ganzes erleben, und uns somit auch eine distanzierte Interpretation der Welt erlaubt. Für den israelischen Soziologen Aaron Antonovsky bedeutet dies, »dass man sich die Welt auch in schwierigen Situationen erklären kann, dass man überzeugt davon ist, die Anforderungen des Lebens durch eigene Kraft oder auch mit fremder Hilfe bewältigen zu können, und dass man die Auseinandersetzung mit diesen Lebensanforderungen als sinnvoll erlebt«. Menschen mit hohem Kohärenzgefühl können Stressoren in einen großen Zusammenhang einordnen und auch besser abpuffern.[5] Sie gehen aktiv mit ihrem Arbeitsleben um: Fühlen sich nicht als Opfer des Systems, sondern sehen, wie und wo sie etwas verändern können, so dass der Job im Großen und Ganzen gut zu ihnen und ihrem Leben passt.

Im Idealfall bildet sich dieses Gefühl von Kohärenz bereits während unserer kindlichen Entwicklung. Aber man kann diese Fähigkeit auch als Erwachsener schulen und weiter ausbilden.

3. »Innere Verträge«

Der Arbeitsvertrag bindet uns an den Arbeitgeber, er beschreibt Pflichten und Rechte. Daneben scheint aber der »innere« Vertrag, den wir mit unserer Arbeitsaufgabe und unserem Arbeitsplatz abgeschlossen haben, genauso wichtig. Der Klinikleiter Bernd Sprenger beschreibt in seinem Interview einen solchen inneren Vertrag. Er befragt sich selbst: Stimmt meine Arbeit noch mit meinen Werten und Lebenszielen überein? Stimmt das Preis-Leistungs-Verhältnis oder ist der Preis zu hoch, den ich für meine Arbeit zahle, leiden zum Beispiel meine persönlichen Beziehungen unter der Arbeit? Oder ist der Lohn zu gering, den ich für meine Arbeit erhalte, nicht nur in Form von zu wenig Geld oder Anerkennung, sondern auch durch zu geringe Entwicklungsmöglichkeiten und geistige Bereicherung? Der innere Vertrag mit uns selbst sollte in regelmäßigen Abständen überprüft werden – beispielsweise im Gespräch mit einem »inneren Dialogpartner«, den wir am Ende des Kapitels vorstellen werden.

4. Selbstachtsamkeit

Körpersignale und Gefühle sind für unsere Interviewpartner wichtige Zeichen und Anhaltspunkte für ein Leben in Balance. Sie kennen ihre persönlichen Signale für Überarbeitung, Stress oder Erschöpfung. Und sie nehmen diese Signale ernst.

Diese Menschen sind bereit, unter die Oberfläche ihrer Körpersignale und Gefühle zu schauen. Sie haben einen hohen Grad von Selbstachtsamkeit oder »Mindfulness« entwickelt. Mindfulness bedeutet, im Kontakt mit sich selbst zu sein und seine Empfindungen und Gefühle aufmerksam wahrzunehmen, ohne sie dabei sofort zu bewerten und zu handeln.

Die Kunst, sich selbst entspannt wahrzunehmen, wurde in den letzten Jahren immer stärker als effektiver Stress-Löser entdeckt. Vor allem die »Mindfulness-Based Stress Reduction« (MBSR), die der amerikanische Stressforscher Jon Kabat-Zinn bereits in den 80er-Jahren entwickelte,[6] wird als »Stressreduktion durch Achtsamkeit« auch bei uns immer populärer. Achtsamkeitstrainings werden inzwischen zur Behandlung von Stresssyndromen, aber auch als unterstützende Behandlung bei Depressionen eingesetzt. In den Seminaren lernen die Teilnehmer mit einfachen Übungen (Körperübungen, Partnerübungen und Wahrnehmungsübungen, zum Beispiel »eine Rosine essen«), was es heißt, sich selbst aufmerksam wahrzunehmen, ohne das Wahrgenommene zu bewerten. »Die Teilnehmer fühlen sich nach den Übungen meist sehr gestärkt, sicherer und kräftiger in ihrem Körpergefühl«, beobachtet Nicole Plinz, die Achtsamkeitsseminare im Allgemeinen Krankenhaus Harburg leitet. Stress, Grübel-Teufelskreise, unangemessen starke Emotionen oder depressive Verstimmungen können mit Hilfe von Achtsamkeitsübungen unterbrochen werden – ein großer Schritt aus der Erschöpfungsspirale.[7] Denn wer in Kontakt mit sich selbst steht, lässt sich nicht so leicht hetzen. Er erledigt eine Aufgabe nach der anderen, kann zwischen äußerer Hektik und eigenem Tempo unterscheiden. Wer in Kontakt mit sich selbst ist (ohne sich laufend zu bewerten), wird auch nicht ständig von Gefühlswellen mitgerissen: von Angst vor dem Chef, Furcht vor der Deadline, Panik vor der neuen Aufgabe. Er kann seine Emotionen spüren und ernst nehmen – ohne sie sofort mit Aktion zu beantworten. Das entstresst das Arbeitsleben ungemein. Allerdings ist diese Mindfulness oder Selbstachtsamkeit eine Fähigkeit, die man üben muss, wenn sie einem leicht von der Hand gehen soll. Seminare, in denen jeder in acht Wochen das Programm der »Mindfulness-Based Stress Reduction« erlernen kann, gibt es inzwischen auch in Deutschland.[8]

5. Biorhythmen

Unsere Interviewpartner kennen ihren Biorhythmus genauso wie die persönlichen Anzeichen von Erschöpfung – und sie hören auf die Signale ihres Körpers. Georg B. geht pünktlich nach Hause, wenn ihn Kopfschmerzen plagen und ihn darauf aufmerksam machen, dass der Stress wieder zu groß wird. Beim Sport findet er zu seinem persönlichen Rhythmus zurück. Der Mediziner Bernd Sprenger geht früh ins Bett, wenn er müde ist, und joggen, wenn ihm der Kopf zu platzen droht. Verena Steiner weiß, dass es Zeit für eine Pause ist, wenn ihre Laune schlechter wird. Sie kennt ihre produktiven Zeiten – und nutzt sie optimal.

Es ist wichtig, die eigenen Biorhythmen zu kennen: die persönlichen Tageszeiten von erhöhtem Ruhe- oder Schlafbedürfnis, von Hunger und Durst und auch den Wunsch nach Pause – und zu wissen, welche Tageszeiten für Kreativität oder Konzentration am besten sind und wann wir uns besser eine Pause gönnen. Denn die Chronobiologie zeigt uns, dass innere Zeitgeber, bestimmte Gehirnzentren und phasenhafte Hormonausschüttungen unseren 24-Stunden-Rhythmus takten.

So ist für die meisten Menschen der Vormittag die Zeit der höchsten Leistungsbereitschaft. Ein schwieriger Vortrag um 14 oder 15 Uhr empfiehlt sich dagegen nicht, es sei denn, man will die Zuhörer einschläfern. Die meisten Menschen befinden sich in einem mittäglichen Leistungstief. Am Nachmittag bis in den frühen Abend geht es dann noch einmal aufwärts, aber oft nicht mehr so hoch hinaus wie am Morgen. Und dann sinkt unsere Leistungsfähigkeit konstant bis zum Nachtschlaf. Hier gibt es nun die »Eulen« und die »Lerchen«, also die Morgenmuffel, die vor 9 Uhr gar nicht denken können, dafür aber am Nachmittag lange fit sind, und die Frühaufsteher, die am liebsten früh mit der Arbeit anfangen und früh aufhören, weil die Konzentration am späten Nachmittag stark nachlässt.

Unsere 24-stündige Leistungskurve ist außerdem in 90-minütige Intervalle unterteilt. Nach 90 Minuten werden wir jeweils etwas unkonzentrierter, unaufmerksamer, müde. Manche Menschen müssen gähnen, haben den Drang nach Bewegung, frischer Luft oder frischem Kaffee. Deshalb dauern sogar Meetings und Kinofilme oft 90 Minuten: Wir können unserem Biorhythmus nicht entfliehen. Also macht es Sinn, unseren persönlichen Tagesrhythmus bewusst wahrzunehmen und ihn zur Grundlage unseres Arbeitsstils zu machen. Und: Wer seinen persönlichen Biorhythmus beachtet, tut schon viel für seine Gesundheit. »Wollen wir uns gesund erhalten, müssen wir dafür sorgen, dass zwischen den beiden Grundzuständen entspannt/angespannt im Tagesverlauf ein Gleichgewicht herrscht«, resümiert Jaan Karl Klaasmann in seinem Artikel über »Gesundes Schwingen« aus einer ganzen Reihe aktueller Studien zur Chronobiologie.[9]

6. Partnerschaft

Beziehungen sind trotz aller modernen Tendenzen zur Individualisierung für Menschen mit der wichtigste Faktor für das persönliche Wohlgefühl. Verheiratete leben länger als Alleinstehende. Und Menschen, die sich sozial gut eingebunden fühlen, verkraften sogar Entlassungen besser als andere.[10] Auch im Arbeitsalltag bestimmen die sozialen Beziehungen maßgeblich, ob wir uns wohl fühlen oder nicht, wie Untersuchungen zeigen.[11] Konflikte mit Kollegen oder dem Arbeitgeber können uns im Umkehrschluss richtiggehend krank machen.[12]

Gerade die Partnerschaft und die Familie leiden jedoch häufig, wenn die Belastung im Job groß ist. Die meisten Vielarbeiter drücken sich vor dem Satz, den Klinikchef Bernd Sprenger mutig ausspricht: »Die Arbeit hat für mich heute Priorität, ich kann mich nicht mit dir treffen.« Oder umgekehrt: »Du hast heute Priorität und die Arbeit bleibt liegen.«

Leicht vergisst man, dass Partnerschaften auf Dauer nur funktionieren, wenn Geben und Nehmen in einem ausgeglichenen Verhältnis stehen – das gilt ebenso für die Beziehung zum Arbeitgeber und für alle anderen zwischenmenschlichen Beziehungen.

Sicherlich wird es Zeiten geben, in denen man dem Partner nicht so zur Verfügung stehen kann, wie man selbst oder der andere es wünscht. Wichtig ist nur, dass das Ungleichgewicht erkannt und miteinander benannt wird – und dass es nach einiger Zeit auch wieder ausgeglichen wird. Denn Beziehungen, die über lange Zeit im Ungleichgewicht sind, können nicht gelingen.

Letztlich geht es auch hier um eine bewusste Entscheidung. Denn Gründe für die Arbeit gibt es unendlich viele. Aber wollen wir uns und unsere Partnerbeziehung oder gar die ganze Familie von der Arbeit bestimmen lassen? Das kann auf lange Zeit nicht gut gehen. Sogar gute Chefs wissen, wie wichtig Partnerschaften sind: Es gibt Führungskräfte, die den Partnern ihrer Mitarbeiter ans Herz legen, auf den pünktlichen Feierabend zu bestehen, weil sie wissen, dass ihr Mitarbeiter in Sachen Arbeit zur Maßlosigkeit tendiert.

7. Grenzen

Gesund leben mit der Erschöpfungsspirale heißt, die eigenen Grenzen zu erkennen und sich und anderen Grenzen zu setzen – ohne Schuldgefühle und ohne Angst vor Harmonieverlust. Grenzen setzen fällt den Menschen besonders schwer, die innerlich unbewusst auf die Anerkennung durch die anderen angewiesen sind. Der Wunsch nach Anerkennung kann dabei an den Chef gebunden sein, es können aber auch Arbeitskollegen oder Klienten und Kunden sein. Dem anderen und mir eine Grenze zu setzen verlangt ein gesundes Selbstvertrauen. Jede Grenze ist schließlich eine potenzielle Trennungslinie.

Selbstachtsamkeit (siehe Punkt 4) zu üben ist ein guter Weg für alle, die dazu tendieren, die eigenen Grenzen zu wenig wahrzunehmen.

8. Verzicht

In einer Welt, in der scheinbar alles möglich ist, spielt der bewusste Verzicht eine immer größere Rolle. Wenn wir uns für ein neues Projekt entscheiden, wird es immer auf Kosten eines anderen Projektes gehen, zumindest wenn ich für beide Projekte zuständig bin und nicht eines abgebe. Deshalb ist es oft einfach erforderlich, Mittelmaß zu akzeptieren gegen den eigenen Anspruch auf Perfektionismus. Denn alles ist nicht möglich, auch wenn es uns suggeriert wird. Wir zahlen immer einen Preis. Sich für etwas zu entscheiden, geht nicht ohne Verzicht auf etwas anderes. Doch wer sich beherzt entscheiden und zu seinen Entscheidungen stehen kann, wird mit einem Gefühl der Selbstwirksamkeit und Stärke belohnt.

Menschen, die diesen Sachverhalt nicht akzeptieren können, sondern immer versuchen, die optimale Wahl zu treffen (so genannte Maximierer), laufen Gefahr, sich in der Vielzahl der Optionen zu verlieren – und am Ende gänzlich entscheidungsunfähig zu werden. Barry Schwartz, amerikanischer Professor für Psychologie und Bestsellerautor,[13] hat sich eingehend mit diesem Typus Mensch beschäftigt und in Studien herausgefunden, dass Maximierer aufgrund ihrer Veranlagung zur Suche nach dem Optimum ein sehr viel höheres Risiko haben, an einer Depression zu erkranken, als diejenigen, die sich auch einmal mit der mittelmäßigen Lösung zufrieden geben können (so genannte Satisficer).[14] Der Grund: »Wenn eine Enttäuschung auf die andere folgt, wenn praktisch jede Wahl, die sie treffen, hinter ihren Erwartungen und Ansprüchen zurückbleibt und wenn sie ständig die persönliche Verantwortung für die kleinsten Fehler übernehmen, gewinnt das Triviale immer größere Bedeutung, mit dem Erfolg, dass ihnen die niederdrückende Schlussfolgerung, gar nichts auf die Reihe zu bekommen, unausweichlich scheint.«

Die Bescheidung auf das Mögliche, die bewusste Entscheidung zum Verzicht, fällt vielen Menschen, die sich erschöpfen, schwer. Aufgrund ihres Perfektionismus verlangen sie von sich das Unmögliche, nämlich alles möglich und alles perfekt zu machen. Verzicht kann aber auch bedeuten, auf lieb gewonnene Tätigkeiten zu verzichten. Nicht jeder muss auf jeder Hochzeit tanzen, und wir sollten uns regelmäßig fragen, ob dieses Meeting oder jenes Projekt wirklich nötig ist. Verzichten heißt unter-scheiden, ent-scheiden, scheiden, trennen. Wenn wir es allen recht machen wollen, alles kontrollieren müssen oder sowieso besser wissen, dann fällt die Entscheidung zum Verzicht allerdings schwer – und wir rücken auf der Erschöpfungsspirale einen Schritt abwärts.

9. Mythen

Verena Steiner spricht in ihrem Interview direkt die Mythen der modernen Arbeitswelt an. Viele sind fest in unserer Gesellschaft verankert, wir haben im vorangegangenen Abschnitt gerade so eine Mystifizierung »entmystifiziert«: Es ist nicht alles machbar, nicht alles für jeden von uns möglich. Doch jeder Mensch hat auch seine persönlichen Mythen. Oft handelt es sich um verdeckte Ausreden oder einfach Selbstbetrug: »In meinem Chaos steckt meine Kreativität«, sagt vielleicht einer. Aber letztlich tut es ihm sehr gut, wenn er einmal Ordnung schafft. Oder der Vorgesetzte bleibt immer lange im Büro mit der Begründung: »Der Chef muss immer der Erste und der Letzte sein, der die Firma verlässt.« In Wirklichkeit vertuscht er mit diesem Verhalten sein Gefühl, nicht genug zu leisten – und zugleich zwingt er indirekt seine Mitarbeiter, ebenfalls Überstunden zu machen.

10. Scheitern

Krisen sind unvermeidlich. Scheitern ist menschlich. Entscheidend ist, die Krise für eine innere Neubewertung zu nutzen – so wie der Projektmanager Georg B. Dies ist aber leichter gesagt als getan. Denn vor dem Neuanfang stehen der Schmerz, die Scham, der Ärger – kurzum: die Gefühle. Eine Erschöpfungsdepression, eine Kündigung, der Verkauf einer Firma, die Zusammenlegung zweier Abteilungen: Immer bedeutet dies einen Bruch, eine Trennung, einen Verlust. Und Verluste wollen betrauert werden, erst dann kann es im Leben weitergehen. »Brüche«, zitiert das Wirtschaftsmagazin *brand eins* im Mai 2006 in einem Heft mit dem Titel »Ende« die Unternehmensberaterin Dorothee Echter, sind »heute im Berufsleben sehr wahrscheinlich. Der Weg führt nicht nur nach oben oder unten, sondern auch nach links oder rechts. Es kann einen jederzeit überallhin verschlagen ...«[15] Entscheidend für die seelische Bewältigung solcher Krisen ist es, diese Trauerphasen zu durchleben und das Selbstvertrauen nicht vollständig zu verlieren. Genau das passiert aber häufig, weil Gefühle nach Ansicht vieler Personalleiter und Vorgesetzter keine Rolle spielen dürfen. Deshalb wird der Bruch doppelt traumatisch. Kränkung, Enttäuschung und narzisstische Wut sind die Folgen – Gefühlsreaktionen, die die erforderliche Trauer und eine spätere Neuorientierung eher behindern.

Richard Sennett beschreibt in seinem Buch *Der flexible Mensch*,[16] wie viele Wochen und Monate die ehemaligen IBM-Mitarbeiter benötigten, um ihre Kündigungen innerlich zu verarbeiten und in einen größeren Zusammenhang zu stellen. Das Fazit: Mit anderen sprechen hilft. Denn so entsteht allmählich eine Geschichte, die den Bruch, das Scheitern in die eigene Biografie einfügt und die Wunde vernarben lässt. Das ist wohl auch der wahre Grund dafür, dass so viele Politiker und Prominente nach ihrem Rückzug aus der Öffentlichkeit Bücher und Biografien schreiben. Es hilft, den Bruch zu verarbeiten.

11. Reflexion

Alle unsere Interviewpartner nehmen sich in der einen oder anderen Weise immer wieder die Zeit, um über ihr Tun im Job zu reflektieren – und bei Bedarf Konsequenzen aus den Überlegungen zu ziehen (zum Beispiel den Kurs zu korrigieren): Sei es, dass sie die Arbeitszeit verändern, wie die Sozialarbeiterin Astrid Kelter. Sei es, dass sie mehr Verantwortung übernehmen, wie der Klinikchef Bernd Sprenger. Sei es, dass sie Projekte immer wieder auf ihre Relevanz überprüfen, wie es Verena Steiner in ihrem Job-Journal tut. Alle pflegen sie diese »Innenschau« und Reflexion über das eigene Tun, Fühlen und Sein. Verena Steiner schreibt Tagebuch, Bernd Sprenger beschäftigt sich mit Meditation, für Astrid Kelter ist die halbe Stunde Autofahrt jeden Tag eine feste Zeit der Reflexion. Der Projektmanager Georg B. geht alle paar Monate zu seinem Therapeuten, um über seine Entwicklung zu reflektieren.

Um uns darüber klar zu werden, wo wir überhaupt auf der Erschöpfungsspirale stehen, ist es in erster Linie erforderlich, »neben sich zu treten«, einen Reflexionsraum aufzuspannen, in dem wir über uns und die Welt nachdenken können. Erst im Innehalten können wir sehen, wie unsere persönliche Work-Life-Balance in der aktuellen Situation eigentlich aussieht, was uns wirklich wichtig ist, was uns derzeit stresst und was uns Energie gibt.

Die Sehnsucht nach solchen Reflexionsräumen, die Abstand, Neubewertungen und innere Erneuerung möglich machen, ist sehr groß. Das zeigt die weite Verbreitung meditativer und spiritueller Verfahren, der wieder aktuelle Rückzug ins Kloster, aber auch das vom Arbeitgeber ermöglichte »Sabbatical«.

Die Fähigkeit zur Reflexion ist heute wichtiger als je zuvor. Man könnte fast sagen, sie zu entwickeln und zu erhalten ist eine unserer Hauptaufgaben in der komplexen Welt der tausend Möglichkeiten. Ihr ist das Lernen von Kompetenzen wie Zeitmanagement, Stressmanagement, auch Selbstmanagement untergeordnet. Letztere sind Anpassungsstrategien an die Forderungen der Arbeitswelt. Natürlich sind sie extrem nützlich, sie nutzen nur nichts, wenn sie nicht auf fruchtbaren »Reflexionsboden« fallen.

Manche Menschen haben diese Ebene der Reflexion ganz selbstverständlich. Sie können zu jeder Zeit entscheiden, was für sie richtig ist, sie spüren immer, wo sie auf der Erschöpfungsspirale stehen. Andere schaffen sich Räume der Reflexion in Tagebüchern, Meditation, Yoga. Manche entdecken und erlernen die Ebene der Reflexion über ihr eigenes Sein in einer Psychotherapie.

Für den ersten Schritt in die Kunst der Reflexion reicht es schon aus, sich einen »inneren Dialogpartner« vorzustellen, eine Art innere Kontrollinstanz oder Kompass, mit dem wir in regelmäßigen Abständen überprüfen, wo wir auf der Erschöpfungsspirale stehen, wie es um unsere inneren Verträge steht und wie nah oder fern wir gerade unseren Lebenszielen sind. Als Leitfaden genügen drei einfache Fragen:

1. Achte ich gerade genug auf mich selbst, meine Rhythmen, Bedürfnisse und Körpersignale?
2. Wie verantwortlich und wertschätzend bin ich gerade mir selbst und mir wichtigen anderen Menschen gegenüber?
3. Entspricht meine Arbeit meinen persönlichen Wertvorstellungen und Lebenszielen?

Ein Fazit: Die eigene Weiterentwicklung

Wenn man die elf Punkte Revue passieren lässt, die wir als nützlich für den gesunden Umgang mit der Erschöpfungsspirale ansehen, dann wird deutlich, dass alle Punkte Eigenschaften versammeln, die man »starken Persönlichkeiten« zu-

Das kreative Gleichgewicht

schreibt. Diese Persönlichkeit hat Eigensinn und ist mit sich und der Welt in kontinuierlichem Austausch. Sie trifft bewusste Entscheidungen und setzt Prioritäten, sie ist selbstbewusst genug, da Unterstützung annehmen zu können, wo es nötig ist. Sie hat Zugang zu ihren Gefühlen, zum Körper und seinen Rhythmen und zu den eigenen Bedürfnissen. Sie lebt in einer gleichgewichtigen Partnerbeziehung mit wechselseitigem Respekt und Anerkennung. Es ist eine Person, die ihre Grenzen kennt, die verzichten kann und der Trauern und Demut nicht fremd sind. Sie hat Kraft und Kreativität zugleich, sie ist belastbar und hat sich ihre spielerische Kreativität bewahrt. Und in gewisser Weise ist sie für das System subversiv, denn sie ordnet sich nicht bedingungslos unter – auch nicht den Anforderungen der globalisierten Arbeitswelt oder den aktuellen Ängsten einer Gesellschaft.

Von wem sprechen wir? Wer kann das schon, wer hat all diese Eigenschaften? Wer ist so eine starke Persönlichkeit? Vielleicht haben nur wenige Menschen alle elf der oben aufgeführten Eigenschaften. Aber viele Menschen leben bereits einige dieser Punkte. Manch einer mag seine Grenzen kennen, aber glaubt an die Mythen der Arbeitswelt – und stresst sich mit dem Versuch, ihnen zu folgen. Andere leben im privaten Bereich vielleicht sehr eigensinnig und entscheidungsfreudig, aber im Job benehmen sie sich eher passiv, erlauben sich diesen Eigensinn nicht, fürchten den Verzicht, der mit Entscheidungen einhergehen würde.

Die elf Punkte können insofern eine Anregung sein, über den eigenen Umgang mit den Anforderungen der modernen Welt nachzudenken – und vielleicht die eine oder andere Anregung aufzugreifen oder zu vertiefen, um einer gesunden Balance ein Stück näher zu kommen.

Denn letztlich müssen wir in unserer komplexen, sich ständig verändernden Welt selbst dafür sorgen, dass wir uns zwischen den Möglichkeiten und Anforderungen der modernen (Arbeits-)Welt nicht erschöpfen. Deshalb kommen wir

Ein Fazit: Die eigene Weiterentwicklung

nicht darum herum, unser Ich zu stärken und uns ständig weiterzuentwickeln – auch nach der Lebensmitte.

Zugegeben, die Auseinandersetzung mit der Erschöpfungsspirale bedeutet Arbeit. Aber der Lohn dafür ist ein Mehr an Lebensfreude und das Gefühl, sein (Arbeits-)Leben in der Hand zu haben und selbst zu bestimmen, wie sehr es das gesamte Lebensgefühl beeinflusst – auch wenn es einmal nicht so rund läuft.

Exkurs 5

Was tun, wenn man selbst, ein Kollege oder ein Mitarbeiter an einer Depression erkrankt ist?

Eine depressive Erkrankung muss nicht in jedem Fall zur Krankschreibung führen. Entscheidend ist die Schwere der Depression und die Frage, welche Auswirkung die aktuelle Arbeitssituation auf die depressive Symptomatik hat. So kann ein Mitarbeiter trotz schwerer Depression und deutlicher Leistungseinbußen unbedingt weiterarbeiten wollen, da er kein inneres Krankheitskonzept hat und von massiven Schuld- und Versagensängsten angetrieben ist. In diesem Fall ist in der Regel eine sofortige Krankschreibung zur unmittelbaren Entlastung erforderlich, auch wenn der Betroffene zögert. Bei einem anderen Mitarbeiter kann die Fortführung der Arbeit trotz Depression einen stabilisierenden, strukturierenden und motivierenden Einfluss haben und seine Gesundung fördern. Die Entscheidung ist also nicht einfach und setzt voraus, dass es einen angemessenen Umgang zwischen Mitarbeiter, Vorgesetzten und Kollegen gibt und dass das Betriebsklima erlaubt, über Erschöpfung und Depression zu sprechen. Denn nur im gemeinsamen Gespräch können die eventuell erforderlichen Modifikationen am Arbeitsplatz vereinbart werden, die die notwendige Entlastung bewirken und gleichzeitig die Weiterführung der Arbeit ermöglichen. Diese Offenheit und grundlegende Wertschätzung ist in den meisten Betrieben leider nicht gegeben, doch Beispiele aus Schweden (siehe Kapitel 6) zeigen, dass es durchaus geht. Entscheidend ist, dass in der Führungsetage ein Bewusstsein für die Möglichkeit von

Erschöpfung und Depression besteht und dadurch rechtzeitig miteinander gesprochen und gehandelt werden kann. Denn auch eine leichte Depression kann die Leistungsfähigkeit, das Konzentrationsvermögen und die soziale Kommunikationsfähigkeit herabsetzen.

Betriebliche Schulungen zum Umgang mit Erschöpfung und Depression sind heute unvermeidlich. Das Deutsche Bündnis gegen Depression hat hierzu Schulungsmaterialien entwickelt.[1] Wenn ein Gespräch mit dem Vorgesetzten oder dem Chef nicht möglich ist oder zunächst dagegen Bedenken bestehen, gibt es eine Reihe anderer Ansprechpartner im Betrieb: den Sozialdienst, den Betriebsärztlichen Dienst, betriebliche Vertrauenspersonen, den Betriebsrat und die Schwerbehindertenvertretung. Jetzt stellt sich für die meisten die kritische Frage: »Was soll ich sagen?«

Sprechen Sie offen über Ihre Depression

Erfahrungen des Autors aus der Behandlung von depressiv erkrankten Arbeitnehmern zeigen, dass es am besten ist, offen den Begriff Depression zu verwenden. Alles andere führt über kurz oder lang in eine Sackgasse. Werden somatische Probleme vorgeschoben, zum Beispiel Kreislaufprobleme, entstehen Nachfragen und die Antworten fallen immer schwerer. Auch Begriffe wie »Nervenzusammenbruch« oder »psycho-vegetatives Erschöpfungssyndrom« werden vom Chef oder den Kollegen oft als Befindlichkeitsstörung oder Schwäche abgetan und nicht selten kommen sie zu dem Schluss, der Betreffende müsse sich einfach nur zusammenreißen. Depressionen sind in der Regel gut und erfolgreich behandelbar und es gibt heute genug Beispiele für depressiv erkrankte Prominente, die wieder voll im Leben stehen.

Vielleicht ermutigt an diesem Punkt die Erfahrung, dass Arbeitsstress zwar krank machen kann, Arbeit aber auch eine antidepressive Wirkung hat. Denn »gute Arbeit« (siehe Kapitel 6) gibt dem Tag und uns selbst Struktur, ermöglicht positive Identifikation und das Erleben von Wirksamkeit und Wertschätzung, erlaubt kollegialen Austausch und kann manchmal auch von depressiven Restsymptomen ablenken.

Wichtig: Wie soll das Gespräch mit dem Vorgesetzten geführt werden?

Gerade bei kurzfristiger oder zu vermeidender Krankschreibung muss genau überlegt werden, wie die Arbeitsanforderungen und die aktuelle Arbeitsbelastung im Verhältnis zur eigenen Leistungsfähigkeit stehen. Die Balance zwischen Anforderung und Entlastung entscheidet. Hier ist es wichtig zu wissen, welche Auswirkungen eine Depression auf die Arbeitsfähigkeit haben kann. In erster Linie verändert sich die Leistungsfähigkeit; das Arbeitstempo verringert sich und durch Vergesslichkeit und Unkonzentriertheit sind Flüchtigkeitsfehler wahrscheinlicher. Es kommt zu häufigem Nachfragen, einem vermehrten Kontrollbedürfnis und ängstlicher Vermeidung von Verantwortung. Dabei kann die Leistungsfähigkeit insgesamt stark schwanken, zum Beispiel von einem zum anderen Tag. Die Depression zeigt sich auch in einer Veränderung des Sozialverhaltens: höhere Kritikempfindlichkeit und Kränkungsbereitschaft können schnell zu Missverständnissen und Konflikten führen. Andererseits werden die Arbeitskollegen durch plötzlichen Rückzug und Kontaktvermeidung irritiert. Eigene Schuldzuweisungen und eine pessimistische Sichtweise können zunächst Betroffenheit und Mitgefühl auslösen, auf Dauer reagieren Kollegen aber auch manchmal mit Unverständnis und Ärger. Schließlich sind auch Verhaltensänderungen wie Fehlen ohne Krankschreibung, Unpünktlichkeit, verlängerte Pausen und wortloses Verschwinden vom Arbeitsplatz denkbar, alles Verhaltensweisen, die bei dem Betreffenden bisher unmöglich erschienen. Die im individuellen Fall auftretenden Veränderungen der Arbeits- und Leistungsfähigkeit sollten realistisch eingeschätzt werden, damit die Anforderungen in angemessener Weise darauf eingestellt werden können.

Hier das richtige Verhältnis herauszufinden, ist Ziel des Gesprächs mit dem Vorgesetzten oder den anderen betrieblichen

Stellen. Nur so können spezielle Maßnahmen gemeinsam festgelegt werden und nur so ist im Verlauf auch ein wechselseitiges Feedback möglich. Wenn die Balance zwischen Entlastung und Verständnis auf der einen Seite und Anforderung und Aktivierung auf der anderen Seite stimmt, können viele unnötige Krankschreibungen und Chronifizierungsprozesse vermieden werden.[2] Sollte der Chef jedoch weiter auf Druck und überfordernden Leistungsansprüchen bestehen und die Depression nicht als Krankheit, sondern als persönliche Schwäche betrachten, wird es zu weiterer Überforderung und zu verstärkten Schuld- und Versagensgefühlen beim Mitarbeiter kommen. Ein fataler Teufelskreis beginnt auf diese Weise: Kränkung, Versagens- und Schuldgefühle verstärken die depressive Symptomatik und führen zu einer weiteren Verschlechterung der Leistungsfähigkeit. Dies führt zu noch mehr Druck und Insuffizienzgefühlen und die Krankschreibung wird letztlich unvermeidlich. In der Folge kommt es zu noch mehr Ärger beim Vorgesetzten und der Betroffene entwickelt eine Angst vor der Rückkehr an den Arbeitsplatz. Auf Dauer kann so einer Chronifizierung der Depression Vorschub geleistet werden und der Betrieb verliert vielleicht einen wertvollen Mitarbeiter. Umso wichtiger ist deshalb heute die Schulung der Führungskräfte, um Stress- oder Erschöpfungsreaktionen ihrer Mitarbeiter frühzeitig zu erkennen und mit erschöpften oder depressiven Mitarbeitern die richtige Balance an ihrem Arbeitsplatz zu finden. Nur so können Gesundheit und die volle Leistungsfähigkeit möglichst schnell wieder zurückkehren. Aber auch hier gilt: Wenn ein offenes Gespräch mit dem Chef nicht möglich ist, gibt es immer noch betriebliche Vertrauenspersonen und Betriebsrat, Sozialdienst und Betriebsarzt und außerbetrieblich die Integrationsämter. Übrigens: Das Sozialgesetzbuch IX in der Fassung vom 23. April 2004 schreibt in § 84 vor: »Sind Beschäftigte innerhalb eines Jahres länger als sechs Wochen ununterbrochen oder wiederholt arbeitsunfähig, klärt der Arbeitgeber mit der zuständigen Interessenvertretung nach § 93 [zum Beispiel Betriebs- oder Personalrat, Anmerkung der Autoren], bei Schwerbehinderten außerdem mit der Schwerbehindertenvertretung, mit Zustimmung und Beteiligung der betroffenen Person die Möglichkeiten, wie Arbeitsunfähigkeit möglichst überwunden werden und mit welchen Leistungen oder Hilfen erneuter Arbeitsunfähigkeit vorgebeugt und der Arbeitsplatz erhalten werden kann (betriebliches Wiedereingliederungsmanagement). Soweit erforderlich, wird der Werks- oder Betriebsarzt hinzugezogen ...«[3]

Wiedereingliederung kann gelingen – ein kurzer Leitfaden

Nach einer längerfristigen Arbeitsunfähigkeit muss die Wiedereingliederung am Arbeitsplatz ebenso sorgfältig vorbereitet werden. Im Gespräch mit den oben genannten innerbetrieblichen Stellen wie Sozialdienst, Betriebsrat oder Betriebsarzt und dem Vorgesetzten sollte erneut die Arbeitssituation analysiert werden. In einem großen Unternehmen wird dieses Wiedereingliederungsgespräch aufgrund der vielen unterschiedlichen Teilnehmer oft »Elefantenrunde« genannt. Gemeinsames Ziel ist es festzustellen, inwieweit der Arbeitsplatz und die mit ihm verbundenen Anforderungen mit dem gegenwärtigen Leistungsvermögen in einem ausbalancierten Verhältnis stehen. Es sollte nicht zur Überforderung kommen, aber auch nicht zu einer überfürsorglichen Festschreibung der Krankenrolle. Im Rahmen eines Zeitplans wird festgelegt, wie und in welchen Schritten die Anforderungen stufenweise gesteigert werden, aber auch wo Stress vermieden und zusätzliche Belastungen abgebaut werden können. Ein fester Ansprechpartner muss benannt werden, der regelmäßig ein Feedback gibt. Diese Rückmeldungen sind für Vorgesetzte oft nicht einfach. Sie sollten angemessen sein, das heißt durchaus kritisch, aber immer von einer grundlegenden Wertschätzung getragen. Neben dem Gespräch mit dem Vorgesetzten und den oben genannten innerbetrieblichen Stellen kann auch das Integrationsamt mit seinem zuständigen Fachdienst hinzugezogen werden. Das Integrationsamt ist für die Durchführung der Schwerbehindertengesetzgebung zuständig. Im Integrationsfachdienst arbeiten neben Sozialarbeitern auch Psychologen. Hier besteht für jeden Arbeitnehmer die Möglichkeit, sich über Vor- und Nachteile eines Antrags auf Schwerbehinderung zu informieren und eine neutrale Beratung zur Wiedereingliederung am Arbeitsplatz zu erhalten.[4]

Neuorientierung

Wenn der Arbeitsplatz gefährdet ist und eine Veränderung geplant werden muss oder sogar eine berufliche Neuorientierung in Betracht kommt, stehen an erster Stelle Information und Beratung. Oft kann durch einen Arbeitsplatzwechsel oder eine Anpassung des Arbeitsplatzes eine vollständige berufliche Neuorientierung vermieden werden. Eine umfassende Information ist über die Agenturen für Arbeit möglich.[5] Am besten ist es, einen Termin zum Beratungsgespräch zu vereinbaren. Zudem kann sich jeder im Berufsinformationszentrum (BIZ) der Agenturen für Arbeit ohne Voranmeldung erkundigen. Auch die Integrationsämter stehen beratend zur Seite. Mit dem im Juli 2001 in Kraft getretenen Neunten Buch des Sozialgesetzbuches (SGB IX) stehen für behinderte oder von Behinderung bedrohte Menschen nicht mehr Fürsorge, sondern Selbstbestimmung und das Recht auf Teilhabe am Arbeitsleben im Vordergrund. Wenn ein Antrag auf berufliche Rehabilitation gestellt wird, schreibt der Gesetzgeber vor, dass der zuständige Rehabilitationsträger innerhalb von zwei Wochen ermittelt werden muss. Das kann neben der Agentur für Arbeit auch der Rentenversicherungsträger, die gesetzliche Unfallversicherung oder das Integrationsamt sein. Jede Rehabilitationsplanung muss durch umfassende Beratung mit den zuständigen Stellen auf den Einzelfall abgestimmt sein.

Prominente machen es vor: Offenheit siegt

Abschließend noch ein Wort zu den Arbeitskollegen. Sie können die Rückkehr an den Arbeitsplatz erleichtern oder aber im Extremfall unmöglich machen. Die kollegiale Situation sollte deshalb in den innerbetrieblichen Gesprächen unbedingt berücksichtigt werden. Den

Kollegen gegenüber ist es ebenfalls ratsam, offen den Begriff Depression zu verwenden. Heute gibt es auch eine Reihe Prominenter, die zu ihrer Depression stehen und mittlerweile wieder voll leistungsfähig sind, etwa der Fußballer Sebastian Deisler. Auch in den Medien ist die Depression als Volkskrankheit ein häufiges Thema. Und schließlich wird der an den Arbeitsplatz Zurückkehrende feststellen, dass fast immer einer der Kollegen schon selbst oder im Familien- und Freundeskreis mit einer Depression konfrontiert war.

Kapitel 6

Das gesunde Unternehmen – Luxus oder Leitbild?

Arbeit bestimmt einen großen Teil unseres Lebens. Unsere Arbeit kann unser Leben bereichern – und uns zu Tode langweilen. Unsere Arbeit kann eine Quelle für Stolz und Glück sein – und geschäftliche Niederlagen oder Arbeitslosigkeit können uns bis ins Mark erschüttern. Arbeit ist der Ort, an dem wir viele unserer Fähigkeiten entfalten – und den ein inkompetenter Chef in die Hölle auf Erden verwandeln kann. Arbeitskollegen können gute Freunde werden – oder der Feind Nummer eins. Unser Selbstwert, unsere gesellschaftliche Anerkennung, unser sozialer Status: All das hängt für die meisten Menschen in Deutschland und anderen Industriestaaten mit ihrer Arbeit zusammen. Sage mir, was du arbeitest, und ich sage dir, wer du bist.

Nachdem wir im vorhergehenden Kapitel unseren täglichen Balanceakt in der Arbeitswelt beschrieben haben, wollen wir uns im letzten Kapitel noch einmal dem Ort widmen, an dem wir täglich mehrere Stunden unseres Lebens als Arbeitende verbringen. Denn natürlich kann der Einzelne viel tun, um seine Seele auch in stressigen Zeiten gesund zu halten – aber das Unternehmen kann ebenso viel dazu beitragen, unnötige

Stressquellen am Arbeitsplatz zu vermeiden. Seit 1996 haben Firmen nach dem Arbeitsschutzgesetz sogar die Verpflichtung, sich nicht nur um das körperliche, sondern auch um das psychische Wohl ihrer Mitarbeiter zu kümmern – und für einen mental gesunden Arbeitsplatz zu sorgen.

Ein Auftrag mit weit reichenden Folgen. Denn die meisten von uns verbringen einen Großteil des Tages an ihrem Arbeitsplatz. Wie wir unseren Arbeitsalltag erleben, ob wir abends erschöpft oder beschwingt aus der Firma gehen, ob wir uns den Aufgaben gewachsen oder ausgeliefert fühlen, ob wir uns als Mensch akzeptiert und unterstützt oder ausgenutzt fühlen, hat deshalb enormen Einfluss auf unser gesamtes Wohlbefinden. Und wenn der Arbeitsalltag von negativem Dauerstress bestimmt ist, uns psychisch und körperlich belastet, vielleicht sogar krank macht, gerät das gesamte Leben aus dem Lot – nicht nur unser Arbeitsleben.

Nicht zuletzt ist der Arbeitsplatz auch der Ort, der unser Verhalten und unsere Ansichten über die Welt maßgeblich mitprägt. Im Arbeitsalltag lernen wir, wie wir mit Zeitdruck umgehen, mit Anforderungen und Konflikten. Wir lernen, ob wir unsere Grundbedürfnisse ernst nehmen (Bewegung, Hunger, Müdigkeit) oder sie unterdrücken, sobald der Stresspegel steigt. Wir erfahren, ob wir Mitmenschen vertrauen und Fehler machen dürfen oder ob es besser ist, sich zu verstellen. Wir erleben, ob wir gänzlich fremdbestimmt sind oder Einfluss auf unsere Umwelt nehmen können. Wie wir am besten Neues lernen, uns in Gruppen bewegen und Ziele verfolgen: Viel von der uns eigenen Art, dem Leben und anderen Menschen zu begegnen, wird im Joballtag geprägt und verstärkt.

Gesund im Job, gesund im Leben?

Insofern kommt der Gesundheitsförderung im Unternehmen eine sehr viel weiter reichende Bedeutung zu als der Erhalt der Arbeitskraft und der Leistungsfähigkeit der Beschäftigten. Wer im Job seine Gesundheit erhält, vielleicht sogar lernt, was gesundes Arbeitsverhalten ausmacht – physisch und psychisch –, hat gute Chancen, auch nach Feierabend gesund zu leben. Gesundheitsförderung im Job ist Gesundheitsförderung für das Leben. Nicht umsonst hat die WHO Unternehmen in ihrer viel zitierten Ottawa-Charta als wichtiges Setting der Gesundheitsförderung beschrieben.[1] Gesunde Unternehmen sind die Basis einer gesunden Gesellschaft.

»Die Förderung der mentalen Gesundheit am Arbeitsplatz sollte die ganze Bandbreite der Dinge umfassen, nach denen Menschen in ihrem Leben streben«, erklären Claire A. Stewart (Deakin University), Tony Ward (Victory University of Wellington) und Mayumi Purvis (University of Melbourne) in ihrem Artikel »Promoting mental health in the workplace«.[2] Es kann also nicht nur darum gehen, Zeitdruck zu vermeiden oder den Umgang mit Konflikten im Unternehmen zu verbessern. Es geht um mehr. »Das Ziel sollte sein, sicherzustellen, dass am Arbeitsplatz das nötige Arbeitsumfeld und die erforderlichen Arbeitsbedingungen vorhanden sind, damit diese Arbeitsumwelt die Fähigkeit des Einzelnen, wichtige Ziele auch an anderen Schauplätzen seines Lebens zu verwirklichen, nicht negativ beeinflusst.« Oder einfacher ausgedrückt: An ihrem Arbeitsplatz sollten Arbeitnehmer die Unterstützung vorfinden, die sie brauchen, um ihren Job gut zu machen – so dass ihnen auch nach Dienstschluss noch genug Kraft bleibt, um private Ziele und Wünsche zu verwirklichen.

Was ist »gute Arbeit«?

Dies ist zurzeit leider nur bei drei Prozent der Arbeitsplätze in Deutschland der Fall, wie die aktuelle Umfrage der »Initiative Neue Qualität in der Arbeit« (INQA) unter 5 000 Beschäftigten und 500 Selbstständigen zeigte.[3] Die Ergebnisse wurden im Frühjahr 2006 veröffentlicht. Nur drei Prozent der Befragten arbeiten demnach unter Bedingungen, die als »gute Arbeit« gelten können. »Gute Arbeit« bedeutet nach Ansicht der Wissenschaftler der INQA-Studie schlicht, dass drei wichtige Voraussetzungen erfüllt sein müssen: erstens, dass die Arbeitnehmer sich im Job durch Kollegen, Chefs und Qualifizierungsmöglichkeiten gut unterstützt fühlen, dass sie Einfluss auf ihre Arbeit nehmen und sich entwickeln können. Zweitens, dass sie subjektiv wenige Fehlbelastungen wie Unsicherheit, mangelnde Einflussnahme oder Über- oder Unterforderung empfinden. Und drittens, dass sie für ihre Arbeit fair bezahlt werden. Auf den ersten Blick sind dies keine Forderungen, die übertrieben klingen oder im praktischen Alltag eines gesunden Unternehmens schwer umzusetzen wären. Aber offensichtlich schaffen es nur sehr wenige Unternehmen, ihren Beschäftigten solche guten Arbeitsplätze zu bieten. »Nur drei Prozent der abhängig Beschäftigten üben eine Arbeit aus, die man als gesundheits- und entwicklungsförderlich bezeichnen kann und deren Arbeitsentgelt ihnen auch soziale und kulturelle Teilhabe an dieser Gesellschaft erlaubt«, resümiert die Soziologin Tatjana Fuchs vom Internationalen Institut für empirische Sozialökonomie (INIFES) in dem Projektbericht »Was ist gute Arbeit?«[4] Bei der niedrigen Zahl gesunder Arbeitsplätze lässt sich noch nicht einmal eine bestimmte Branche benennen, in der die Chancen auf gute Arbeit groß sind. Nur so viel zeigt die Umfrage: Selbstständige arbeiten etwas häufiger als Angestellte in guten Arbeitsbedingungen. Und Angestellte in Bürojobs arbeiten etwas häufiger unter guten Arbeitsbedingungen als Menschen, die in direktem Kontakt

Was ist »gute Arbeit«?

mit anderen Menschen arbeiten, oder Arbeiter im produzierenden Gewerbe. Doch letztlich sticht keine Branche positiv heraus. Es sind offensichtlich nur einzelne Unternehmen, denen es gelingt, den viel zitierten Satz »Die Mitarbeiter sind der wichtigste Erfolgsfaktor unseres Unternehmens« in die Tat umzusetzen und ihren Arbeitnehmern eine gesunde und förderliche Arbeitsumgebung zu bieten.

Weitere 28 Prozent der Arbeitnehmer arbeiten nach der INQA-Studie zwar in einer kollegialen Atmosphäre, fühlen sich unterstützt und gefördert und werden auch fair bezahlt – doch sie fühlen sich belastet durch Zeitdruck, Über- oder Unterforderung, zu viele Aufgaben und andere, vor allem »weiche« Faktoren. Bei über der Hälfte dieser Arbeitnehmer (15 Prozent der insgesamt Befragten) ist die erlebte Belastung trotz der guten Atmosphäre im Job sogar besorgniserregend hoch: Sie stehen so sehr unter Zeitdruck, dass sie Abstriche bei der Qualität ihrer Arbeit machen müssen – was sie noch mehr belastet. Andere sorgen sich, weil ihr Arbeitsplatz nicht sicher ist, oder sie sind gestresst von den emotionalen Anforderungen, die ihre Tätigkeit mit sich bringt. Arbeitnehmer sind häufig unzufrieden und frustriert, obwohl ihnen der Job an sich Spaß macht und sie sich im Unternehmen sozial gut eingebunden fühlen. Man kann sich hier gut die Stationsschwester vorstellen, die sich zwischen ihrer Begeisterung für ihren Job und dem ewigen Zeitdruck zerreibt. Aber auch den Produktionsarbeiter, der zwar gut verdient, aber immer schneller und gleichzeitig präzise arbeiten soll – und nicht weiß, wie lange er seinen Job noch hat und ob er bei einer Entlassung einen neuen finden wird. Oder auch den Journalisten, der sich von einem Jahresvertrag im Verlag zum nächsten hangelt. Oder die Angestellte, die in immer mehr Projekte involviert ist und ständig Angst hat, den Überblick zu verlieren und Fehler zu machen.

Leider die Regel: »Schlechte Arbeitsplätze«

Nach Ansicht der INQA-Experten gelten schon diese 15 Prozent der stark belastenden Jobs nicht mehr als »gute Arbeit«, weil die Arbeitsbedingungen in diesen Firmen optimale Leistung verhindern – und auf Dauer die Beschäftigten sogar krank machen können. Demnach wären in Deutschland nur 16 Prozent der Arbeitsplätze als »gut« zu bezeichnen. Aber weil es heute schon fast normal ist, dass man in modernen Jobs mit engen Deadlines, befristeten Verträgen und hoher Komplexität zu tun hat, möchten wir auch diese Arbeitsplätze noch zu denen mit »guter Arbeit« rechnen.

Am Ende ergibt sich so die Zahl von 31 Prozent der Arbeitsplätze, die man als »gut« oder zumindest als »ausbaufähig« bezeichnen könnte – weil die Reduktion der Belastungen sie zu guten und gesunden Arbeitsplätzen machen würde: Arbeitsplätze, an denen die Menschen gerne und sogar begeistert arbeiten, wo sie das Gefühl haben, ihre Fähigkeiten einbringen zu können – und dafür die angemessene Anerkennung und Unterstützung bekommen. Arbeitsplätze, wo Beschäftigte und Chefs in einem Boot sitzen und sich gegenseitig bestmöglich unterstützen. Arbeitsplätze, die die persönliche Entwicklung fördern und auch auf Dauer nicht krank machen. Arbeitsplätze, die von den Arbeitnehmern besonders positiv und zufrieden stellend erlebt werden – und an denen die Beschäftigten ihren Job optimal engagiert, effektiv und gerne machen.

Die restlichen 69 Prozent der Arbeitsplätze müssen nach der INQA-Studie dagegen als »schlechte Arbeit« bezeichnet werden. Sie sind entweder durch sehr geringe Unterstützung durch das Arbeitsumfeld gekennzeichnet (17 Prozent) oder die Arbeitnehmer sind von der hohen Belastung in ihrem Job dermaßen gestresst, dass sie nicht glauben, dass sie unter diesen Arbeitsbedingungen bis zum Rentenalter gesund weiterarbeiten können (22 Prozent). Bei vielen kommen Geldsorgen hinzu, weil ihr Einkommen unter dem Niveau der Existenzsicherung liegt – was die Forscher derzeit bei 2 000 Euro festlegen (1 500 Euro für Teilzeitbeschäftigte). Bei immerhin 30 Prozent der Jobs stimmen zwar die Arbeitsbedingungen, aber die Arbeitnehmer verdienen weniger als 2 000 beziehungsweise 1500 Euro – auch das ist Stress.

Ein düsteres Bild der deutschen Arbeitslandschaft. Und ein besorgniserregendes Bild, wenn man den Konkurrenzdruck in der globalen Wirtschaft berücksichtigt. Denn es zeigt, dass die meisten Beschäftigten weit weniger im Job leisten, als sie können. Zwischen Arbeitszufriedenheit und Leistung besteht ein direkter Zusammenhang, der sich in Euro und Cent messen lässt, wie inzwischen mehrere Studien bestätigen. Und auch die INQA-Umfrage zeigte: »Bei hoher wahrgenommener Arbeitszufriedenheit dominieren stabilisierte und progressive Arbeitszufriedenheit, Stolz, Freude und Begeisterung über die Arbeit sowie eine hohe Verbundenheit mit dem Arbeitgeber.« Und gerade die emotionale Verbundenheit mit dem Unternehmen gilt als Produktivitätsmotor Nummer eins.

Im toten Winkel des Unternehmerblicks

Allerdings scheint es so, dass die meisten deutschen Unternehmen noch nicht einmal wissen wollen, wie sie diesen Motor in Gang bringen können – da sie gar nicht wissen, welche Anforderungen ihre Arbeitnehmer über Gebühr belasten und sie letztlich auch in ihrer Arbeitsproduktivität behindern. Das zeigte die große Umfrage des Wirtschafts- und Sozialwissenschaftlichen Instituts der Hans-Böckler-Stiftung aus dem Jahr 2004:[5] Die Wissenschaftler befragten 2 200 Unternehmen unterschiedlicher Größe nach den physischen und psychischen Belastungen im Betrieb. Schließlich müssen Unternehmen seit 1996 eine Gefährdungsbeurteilung im Betrieb durchfüh-

Das gesunde Unternehmen – Luxus oder Leitbild?

ren, die sowohl die körperlichen als auch die seelischen Belastungen der Arbeit abfragt – und, falls nötig, für Verbesserungen sorgen, damit die Beschäftigten in einem gesunden Umfeld arbeiten können.

Das Ergebnis: Nur die Hälfte der 2 200 Unternehmen hatte überhaupt die – gesetzlich vorgeschriebene – Gefährdungsbeurteilung durchgeführt. Nur jeder dritte Betrieb setzte im Anschluss auch die Maßnahmen um, die aufgrund der Beurteilungsergebnisse angezeigt gewesen wären. Psychische Belastungen wurden dabei generell nur in 23 Prozent der Betriebe überhaupt überprüft. Gleichzeitig gaben über 90 Prozent der befragten Betriebsräte an, dass die psychischen Belastungen in den letzten fünf Jahren stark gestiegen seien.

Faktisch weiß also schätzungsweise nur etwa ein Viertel der Firmenleitungen, wo die Stressquellen in ihrem Unternehmen sitzen, durch welche Abläufe die Mitarbeiter unter Zeitdruck geraten, an welchen Stellen Mitarbeiter Unterstützung in Form von Weiterbildung brauchen, in welchen Abteilungen sich Frust und Lethargie breit gemacht haben und welche Führungskräfte ihre Mitarbeiter durch ihr Verhalten zusätzlich belasten.

Und von diesen Unternehmen unternimmt wiederum nur ein Bruchteil etwas gegen die ungesunden Umstände im Betrieb. Man könnte auch sagen: Die meisten Geschäftsführer interessieren sich noch nicht einmal dafür, wie es ihren Mitarbeitern mit ihren Jobs geht – und was man verändern müsste, damit die Beschäftigten optimal und gesund arbeiten können.

Dabei ist es weder schwierig noch teuer, herauszufinden, wo sich die Stressquellen im Unternehmen befinden – und etwas dagegen zu tun. Und: Das Engagement zahlt sich sehr schnell aus. Der Krankenstand sinkt in der Regel schon bald nach Beginn der Maßnahmen. Die Zufriedenheit der Mitarbeiter genau wie ihre Motivation und Produktivität steigen. Das zeigen die Erfahrungen der Firmen, die sich mit dem Thema beschäftigt haben – wie der Süßigkeitenhersteller Katjes Fassin GmbH & Co. KG aus Emmerich mit 430 Mitarbeitern, das Schweizer Pharmaunternehmen Weleda mit 130 Mitarbeitern, der Büroartikelversand Memo AG mit 80 Mitarbeitern, der Modeversand Lands' End mit 350 Mitarbeitern oder auch der deutsche IT-Konzern SAP oder der amerikanische Konzern für Gesundheitsprodukte Johnson & Johnson.[6]

Positive Firmenbeispiele

Katjes

Beim Süßigkeitenhersteller Katjes erfuhr die Geschäftsleitung eher zufällig, dass die Mitarbeiter in der Produktion mit den Wechselschichten und einem freien Tag in der Woche ziemlich unglücklich waren. Die Arbeitszeiten ließen kaum Raum für Familie, Freunde und Freizeitbeschäftigungen. Offiziell beschwert hatte sich allerdings niemand, weil das Arbeitsklima bei Katjes gut, die Bezahlung fair ist. Die Firmenleitung reagierte trotzdem und entwickelte gemeinsam mit dem Institut für Betriebliche Gesundheitsförderung in Köln (BGF-Institut) einen neuen Schichtplan: Alle Mitarbeiter in der Produktion haben jetzt im Monat zwei lange Wochenenden frei, drei bis vier freie Tage am Stück. »Durch die Einführung des neuen Schichtplans bin ich viel ausgeglichener, da ich wieder mehr Zeit für meine drei Kinder, meine Frau und für Freunde habe«, freut sich Jürgen Hemsen, Schichtleiter Produktion bei Katjes. Im gleichen Jahr rückte Katjes aufgrund der Ergebnisse einer Mitarbeiterbefragung auch anderen Belastungen zu Leibe: Neue Entlüftungen sorgen für angenehmere Temperaturen in der Produktionshalle, Katjes serviert den Mitarbeitern kostenfreie Getränke in der Arbeitszeit – damit keiner mehr durstig sein muss in den warmen Hallen. In der Abpackstation wurden elektrische Hebevorrichtungen für die 50 Kilogramm schweren Zuckersäcke installiert.

»Das Programm kostete 100 000 Euro. Aber wir sparen Millionen«, freut sich Personalleiter Dieter Schönherr. Die Mitarbeiterzufriedenheit stieg, der Krankenstand sank von sieben auf drei Prozent. Jährlich werden die Beschäftigten durch das BGF-Institut in Köln zum Thema Gesundheit befragt, so dass auch neue Störquellen schnell erkannt und gebannt werden können.[7]

Memo

Wer die Memo AG in Geußenheim besucht, dem kann es passieren, dass er Mitarbeiter beim Fußballspielen im Firmengarten überrascht. Die Geschäftsleitung findet das in Ordnung. Menschen brauchen schließlich Bewegung. Auch sonst versuchen die Geschäftsführer möglichst viel Druck aus dem Alltag ihrer Mitarbeiter herauszunehmen. Es gibt kein Großraumbüro, sondern großzügig bemessene Teambüros. Es gibt weder Telefoniequoten für die Callcenter-Agenten noch Kaltakquise bei unbekannten Neukunden. Memo setzt stattdessen auf Mundpropaganda und Stammkunden. Es gibt auch keine Umsatzvorgaben und kein Prämienwesen. »Wir wollen den Marktdruck nicht an unsere Beschäftigten weitergeben«, erklärt Jürgen Schmidt, einer der vier Gründer von Memo und Sprecher des Betriebes. Und er freut sich darüber, dass er von vielen Kunden hört, dass seine Callcenter-Leute auffällig nett und kompetent seien.

Statt auf Druck setzt Memo auf Transparenz. Viermal im Jahr präsentieren die Geschäftsführer den Beschäftigten die aktuellen Umsatzzahlen und die Geschäftsentwicklung – und beantworten alle Fragen der Mitarbeiter. »Nichts schafft mehr Unsicherheit und damit mehr Stress, als wenn Mitarbeiter Informationen vorenthalten bekommen«, ist Schmidt überzeugt. Die Mitarbeiter sind außerdem am wirtschaftlichen Erfolg der Firma beteiligt. Und in den Leitlinien des Unternehmens steht explizit: »Jede Führungskraft besitzt neben der fachlichen auch eine soziale Verantwortung gegenüber den Mitarbeitern.« Es gibt ein professionelles Konfliktmanagement und Weiterbildung für alle, je nach Interesse. Der Ansatz scheint erfolgreich. Trotz Flaute auf dem Bürobedarfmarkt konnte Memo seinen Umsatz halten, den Marktanteil sogar etwas ausbauen. Der Krankenstand liegt seit Jahren stabil bei unter drei Prozent.

Weleda

Das Schweizer Pharmaunternehmen Weleda mit 130 Mitarbeitern machte dagegen nach der Analyse der Arbeitsbedingungen regelmäßige Pausen zur Pflicht. Der Geschäftsführer Moritz Aebersold geht mit gutem Beispiel voran und gönnt sich jetzt eine ausgiebige Mittagspause, erzählt er in der Zeitschrift *Psychologie heute*.[8] Viele Mitarbeiter unterbrechen ihre Arbeit mehrmals am Tag für fünf bis zehn Minuten. Zur Entspannung wurden spezielle Bewegungsprogramme entwickelt und sogar spezielle Musikpausen als kreative Entschleuniger im hektischen Arbeitsalltag entwickelt. Aufgrund der Ergebnisse einer Mitarbeiterbefragung wurden Aufgaben neu verteilt, Doppelbelastungen abgebaut und individuelle Beratungen für Ernährung und Erholung angeboten. Der Erfolg kam schnell: Schon nach der Analyse und den ersten Interventionen verbesserte sich die durchschnittliche Schlafqualität der Weleda-Mitarbeiter um 25 Prozent.

Lands' End

Der Modeversand Lands' End GmbH in Mettlach mit 350 Mitarbeitern hat irgendwann beschlossen, dass es nicht sein kann, dass man Kunden jeden erdenklichen Service bietet – und den Mitarbeitern nicht. Deshalb gibt es heute bei Lands'

End individuelle Entwicklungspläne für jeden Mitarbeiter, damit er seine Potenziale gezielt ausbauen kann. Es gibt spezielle Meetings, in denen die Mitarbeiter dem Leitungsteam in einem informellen Rahmen direkt ihre Verbesserungswünsche unterbreiten können – und diese werden tatsächlich umgesetzt. Die Firmenleitung hat ein Beschwerdemanagement eingeführt, das auch funktioniert. 93 Prozent der Lands' End Mitarbeiter kommen gerne zur Arbeit. 98 Prozent sind der Meinung, dass die Geschäftsleitung sie geradezu dazu ermutigt, einen guten Ausgleich zwischen Berufs- und Privatleben herzustellen. 98 Prozent der Beschäftigten finden, dass das Management das Unternehmen kompetent führt. 2006 gewann Lands' End den zweiten Platz beim Wettbewerb »Deutschlands bester Arbeitgeber« unter den mittelständischen Unternehmen (bis 500 Mitarbeiter).

Diese Beispiele zeigen: Gerade in mittelständischen Betrieben wirken oft schon einfache Maßnahmen Wunder, zum Beispiel ein neuer Schichtplan, Pausen, Transparenz und Kommunikation. Die konkreten Maßnahmen für gesündere Arbeitsplätze und eine bessere Work-Life-Balance der Arbeitnehmer sind zwar so unterschiedlich wie die Unternehmen selbst. Was die fünf Unternehmen allerdings verbindet, ist die Tatsache, dass alle Maßnahmen in einem größeren Kontext stehen, in einem strategisch durchdachten Gesundheitsmanagement – so dass das Wohlbefinden und die Zufriedenheit der Mitarbeiter ganz oben auf der Agenda der Geschäftsleitung stehen. Denn ein betriebliches Gesundheitsmanagement, das nur auf Einzelmaßnahmen setzt, hier ein Stressmanagementseminar organisiert und dort die Karte im Fitnesscenter bezuschusst, hat weder durchschlagenden noch nachhaltigen Erfolg. »Viele Unternehmen fallen damit auf die Nase und geben den Plan wieder auf«, beobachtet Professor Karl Kuhn, Direktor der Bundesanstalt für Arbeitsschutz und Arbeitsmedizin (BAuA).[9]

Unterstützung finden interessierte Unternehmen inzwischen deutschlandweit. Die Krankenkassen zahlen Zuschüsse für Gesundheitsmaßnahmen, Institute wie das BGF-Institut in Köln unterstützen Firmen bei der Situationsanalyse und der Durchführung von Maßnahmen. Auf den Internetseiten des »Deutschen Netzwerks für Betriebliche Gesundheitsförderung« und der »Initiative Neue Qualität in der Arbeit« finden sich z.b. evaluierte Fragebögen für Mitarbeiterumfragen, Best-Practice-Beispiele und Foren, in denen sich Gesundheitsbeauftragte der Unternehmen austauschen.

Weil etwa 80 Prozent aller Beschäftigten in mittelständischen Unternehmen arbeiten, seien die Großunternehmen und Konzerne hier nur kurz erwähnt. Ein Musterbeispiel für zufriedene Mitarbeiter ist beispielsweise die IT-Firma SAP in Walldorf mit 13 500 Mitarbeitern in Deutschland, das 2006 zu »Deutschlands bestem Arbeitgeber« unter den großen Unternehmen gewählt wurde. Besonders die offene Atmosphäre, die flachen Hierarchien und die große Eigenverantwortung lieben die Mitarbeiter bei SAP. Dazu kommt, dass die Firma den Beschäftigten viele Vergünstigungen bietet: Es gibt ein Firmen-Fitnesscenter, das kostenlos zu nutzen ist. Das Essen in der Kantine ist ebenfalls kostenfrei. Die Firma bietet Babybetreuung, besondere Unterstützung bei der Rentenabsicherung und ein großes Angebot an Weiterbildungsmöglichkeiten.

So rechnet sich Gesundheit für das Unternehmen

Dass der Erfolg dieser großen und kleinen »Pionier-Unternehmen« nicht nur glücklicher Zufall ist, sondern dass sich das Engagement der Unternehmen für das Wohlbefinden ihrer Mitarbeiter rechnet, ist schon lange wissenschaftlich bewiesen.»Die Investition von einem Euro zahlt sich nach drei

Jahren mit mindestens 1,8 Euro aus«, weiß Professor Michael Kastner, wissenschaftlicher Leiter des Instituts für Arbeitspsychologie und Arbeitsmedizin (IAPAM) in Herdecke.[10] Im Mittelstand liegt die Quote oftmals noch viel höher: »In vielen Unternehmen rechnet sich ein investierter Euro mit zehn eingesparten Euro durch verminderte Fehlzeiten und höhere Produktivität«, analysiert Heinz Kowalski, Direktor des BGF-Instituts in Köln.[11] Gerade psychische Probleme schlagen mit vielen Fehltagen und verminderter Produktivität zu Buche – und damit mit besonders hohen Kosten (siehe Kapitel 1). Ein Beispiel: Ein Krankheitstag kostet den Unternehmer rund 400 Euro. Fällt ein Mitarbeiter wegen eines Burn-out für drei Wochen aus, so kostet das die Firma rund 6 000 Euro. Dazu kommt die verminderte Leistungsfähigkeit schon lange vor der Krankschreibung.

Die viel gestellte Frage, ob nicht nur die erfolgreichen Unternehmen genug Geld haben, um in die Gesundheitsförderung ihrer Mitarbeiter investieren zu können, beantwortet Frank Hauser von der psychonomics AG in Köln und Studienleiter der Aktion »Deutschlands beste Arbeitgeber« so: »Diese Unternehmen sind der Überzeugung, dass sie vor allem so erfolgreich sind, weil sie so engagierte Mitarbeiter haben.«[12] Die Investition in den »Wohlfühlfaktor« steht also vor dem wirtschaftlichen Erfolg. In Amerika konnte ein Rating sogar zeigen, dass die Unternehmen, die zu den »100 best companies to work for« gehören, eine drei- bis vierfach höhere Aktienperformance haben als andere Unternehmen. Und ein genauer Blick auf die Gewinner zeigt, dass es beileibe nicht nur Unternehmen aus boomenden Branchen sind, denen es gelingt, Arbeitsplätze zu schaffen, an denen Menschen gerne und gut arbeiten können. Unter den Gewinnern von 2006 war beispielsweise auch das Pflegeheim St. Josef in Heinsberg.

Es geht also eigentlich schon längst nicht mehr um die Frage, ob sich die Investition in die seelische Gesundheit der Beschäftigten lohnt oder nicht, sondern viel mehr um die Frage: Wo entsteht im Unternehmen Stress und psychische Belastung? Welche Maßnahmen passen zu einem bestimmten Unternehmen? Welche Maßnahmen treffen die Bedürfnisse der Beschäftigten, wirken schnell und nachhaltig gegen den Stress im Arbeitsalltag?

Doch genau im ersten Schritt, der Analyse der Situation, liegt bereits die vielleicht größte Hürde auf dem Weg zu mehr seelischer Gesundheit im Unternehmen: Psychische Belastungen sind immer noch ein Tabu im Unternehmen. Wer hat schon einmal einen Vorgesetzten erlebt, der zugibt: »Das schaffe ich jetzt nicht auch noch!« Oder einen Vorgesetzten, der zu einem Mitarbeiter sagt: »Natürlich verschieben wir das Projekt, Sie haben im Moment wirklich genug andere Dinge zu tun.« Sogar unter Mitarbeitern gibt man Überforderung oder Hilflosigkeit nicht gerne zu. »Die Beschäftigten haben große Hemmungen zu sagen: Ich bewältige meinen Job aus psychischen Gründen nicht mehr. Denn sie haben Angst, dass ihnen das am Ende mehr schadet als nützt und sie vielleicht sogar ihren Job verlieren – obwohl die eigentlichen Gründe in den individuell unverschuldeten, vorgegebenen Arbeitsbedingungen liegen«, weiß Claus Schäfer, Projektleiter im Wirtschafts- und Sozialwissenschaftlichen Institut der Hans-Böckler-Stiftung.[13] Die derzeitige Arbeitsmarktsituation hat diese Angst noch verstärkt. Über den Stress im Job, Überforderung, Orientierungslosigkeit oder psychische Probleme spricht man im Arbeitsalltag einfach nicht. Und wo es keine Worte gibt, gibt es auch keine Kommunikation und kein gemeinsames Bewusstsein. Das macht es schwierig, die Situation realistisch zu analysieren – und zu verbessern.

Lasst uns drüber reden: Offenheit hilft

Wie viel sich bewegt, wenn die Tabus fallen, zeigen die Erfahrungen in Schweden: Dort gelten Stresserkrankungen schon lange als Berufskrankheit. Es gibt ein öffentliches Bewusstsein dafür, dass der übliche Stress und Druck in heutigen Unternehmen krank machen kann. Vor allem seit die Untersuchungen des Karolinska-Instituts, Schwedens größter Fakultät für Medizin in Stockholm, ans Licht brachten, dass die meisten Arbeitnehmer, die länger als drei Monate krankgeschrieben waren, unter einer manifesten Erschöpfungsdepressionen litten. Eine ganze Reihe Unternehmen aus dem öffentlichen Sektor und der Privatwirtschaft erklärte sich deshalb bereit, sich an den Forschungsarbeiten der Mediziner Marie Asberg und Ake Nygren vom Karolinska-Institut zu beteiligen und den Ursachen für die psychischen Erkrankungen der Mitarbeiter auf den Grund zu gehen.

Das Ergebnis? Gemeinsam mit den Unternehmen wurden Schulungen für alle Mitarbeiter entwickelt, in denen die Beschäftigten lernen, wie man die Anzeichen von psychischer Erschöpfung erkennt – und was man tun kann, um den Absturz in die Erschöpfungsspirale zu verhindern. Die Unternehmen übernehmen Verantwortung, indem sie Wiedereingliederungsprogramme für Mitarbeiter entwickeln, die nach einer Erschöpfungskrankheit zurück in die Firma kommen (siehe auch Kapitel 1).

In Zukunft sollen Beschäftigte, die bereits eine Erschöpfungskrankheit durchlebten, in Gruppentherapien lernen, wie sie Rückfälle vermeiden und eine gesündere Einstellung zur Arbeit entwickeln können, erzählt die Ärztin Marie Asberg. »Die Betroffenen sind in der Regel schockiert von der Diagnose Erschöpfungskrankheit. Es ist schwer für sie zu akzeptieren, dass ihre Arbeit sie krank gemacht hat. Sie sind traurig darüber und schämen sich. In den Gruppensitzungen können sie weitergehen, um herauszufinden, ob und was sie selbst zum Entstehen dieser Situation beigetragen haben. Sie können sich damit beschäftigen, andere Wege zu finden, um ihre Arbeit zu tun und sich dabei nicht zu erschöpfen. In der Regel können sie das auch sehr gut, denn sie haben ja keine Persönlichkeitsstörungen«, erklärt Asberg.

Zukünftig ist auch angedacht, Selbsthilfegruppen zu gründen oder den Betroffenen einen persönlichen Coach an die Seite zu stellen, der ihnen hilft, sich neu in ihrem Job zu orientieren, wenn sie in die Firma zurückgehen – oder der ihnen bei Bedarf auch bei der Suche nach einem neuen Job mit anderen Anforderungen hilft.

Außerdem sollen Führungskräfte darin geschult werden, Erschöpfungssymptome bei ihren Mitarbeitern zu erkennen. Ein heikles Thema. »Natürlich ist das problematisch«, weiß Marie Asberg, »viele Führungskräfte finden es zu privat, wenn sie Mitarbeiter beispielsweise fragen, ob sie gut schlafen. Und sie haben natürlich auch ein Problem damit, Beschäftigten zu sagen, dass sie nicht zu viel arbeiten sollen.« Schließlich sind gerade die gefährdeten Personen häufig die verlässlichen, hart arbeitenden und produktiven Kräfte im Unternehmen – oft die Mitarbeiter, von deren Arbeit der Chef am stärksten abhängt. Aber, so Asberg, »unglücklicherweise denke ich, dass Vorgesetzte diesen Schritt tun müssen.«

Nur der Vorgesetzte kann den Teufelskreis durchbrechen

Wenn die seelische Erschöpfung einen bestimmten Punkt überschritten hat, ist der Betroffene selbst nicht mehr fähig, für sich und seine seelische Gesundheit zu sorgen, wie wir in Kapitel 4 ausführlich gezeigt haben. Denn die meisten Betroffenen reagieren auf die Symptome der fortschreitenden Erschöpfung wie Schlafprobleme, Konzentrationsschwierigkeiten und Gefühlsschwankungen mit noch mehr Arbeit – weil sie ihre alte Leistung auf jeden Fall bringen wollen und weil ihnen die Angst zu versagen im Nacken sitzt. Viele Betroffene fangen sogar an, sich selbst für ihre Unpässlichkeiten zu beschuldigen, und vertuschen ihre Probleme und Schwierigkeiten. Der Teufelskreis aus Psychostress und Arbeitslast schließt sich. Der Weg in die Erschöpfung ist zur Einbahnstraße geworden und auch Familienangehörige können ihn nicht mehr durchbrechen. »Die Familien sehen häufig, was passiert. Aber wenn sie dem Betroffenen sagen, dass er zu viel arbeitet, dass er sich ausruhen muss, dann hören sie nur: Ja, du hast Recht. Aber diese Aufgabe, dieses Projekt muss ich erst zu Ende bringen, dann werde ich kürzer treten«, erzählt die Ärztin Marie Asberg. Der Effekt: Betroffene schuften immer weiter, im schlimmsten Falle, bis Körper oder Psyche zusammenbrechen. »Die einzige Person, die diesen Teufelskreis durchbrechen kann, ist der Vorgesetzte«, erklärt die Medizinerin. Der Chef sitzt sozusagen an einem wichtigen Schalthebel für den Motor der Erschöpfungsspirale.

Dass schon alleine das Wissen über die Zusammenhänge zwischen Arbeitsanforderungen, Stress und Erschöpfung hilft, Erschöpfungskrankheiten zu verhindern, zeigen die medizinischen Umfragen von Ake Nygren besonders deutlich. Der Arzt entwickelte einen Fragebogen zum Thema psychische Verfassung und schickte diesen Fragebogen an alle Angestellten der Unternehmen. Ärzte werteten die Antworten der Beschäftigten aus – und gaben jedem Einzelnen eine persönliche, differenzierte Rückmeldung über seinen psychischen Gesundheitszustand. Wer hohe Erschöpfungswerte hatte, dem wurde ein Besuch beim Hausarzt empfohlen. »Bei den Unternehmen, die an dem Programm teilnahmen, stoppte die Zahl der Langzeiterkrankungen«, so Marie Asberg.

Offensichtlich reichte es für viele Beschäftigte schon, sich darüber klar zu werden, dass sie Zeichen von Erschöpfung zeigen, um frühzeitig etwas dagegen zu tun und gar nicht weiter

Nur der Vorgesetzte kann den Teufelskreis durchbrechen

in die Erschöpfung abzustürzen. Schließlich entwickelt sich eine Erschöpfungserkrankung oftmals schleichend und über Jahre (siehe Kapitel 4). Und viele Anzeichen der Anfangsphase sind deutlich – wie Schlafstörungen, Rückenschmerzen, Probleme mit der Gemütslage etc. –, werden aber oftmals in Unkenntnis ihrer Bedeutung ignoriert. »In wenigen Monaten hatte sich das Anti-Erschöpfungs-Programm bereits amortisiert«, erzählt Asberg.

Die Schweden haben dem Stress auf allen Ebenen den Kampf angesagt. Allerdings wären viele der erfolgreichen Interventionen der schwedischen Mediziner nicht möglich gewesen, wenn die Unternehmen sich nicht zu einem offenen Umgang mit dem Thema entschieden hätten. Doch gerade von dieser Offenheit ist man in Deutschland leider noch weit entfernt. Wer große Firmen auf offiziellem Wege nach dem Umgang mit Psychostress im Unternehmen befragt, bekommt die Antwort, damit gäbe es kein Problem. Wer in denselben Unternehmen die Betriebsärzte befragt, hört, dass sie gar nicht mehr wissen, wie sie all die Anfragen von gestressten und ausgelaugten Beschäftigten bearbeiten sollen.

Einen Hinweis darauf, wie viel in deutschen Unternehmen verschwiegen wird, bringt auch die große Umfrage der »Initiative Neue Qualität in der Arbeit« unter 7 000 Beschäftigten, die bereits am Anfang des Kapitels zitiert wurde: Die Arbeitnehmer wünschen sich als viertwichtigsten Aspekt für »gute Arbeit« – direkt hinter einem festen Einkommen, dem sicheren Arbeitsplatz und Spaß am Job –, von ihren Vorgesetzten »als Mensch« behandelt zu werden. Offensichtlich ist das derzeit nicht selbstverständlich.

Schlechte Führung macht krank

Die deutschen Führungskräfte schnitten bei der INQA-Umfrage dementsprechend schlecht ab. 61 Prozent der Befragten gaben an, dass sie nie oder nur selten Anerkennung für ihre Arbeit bekämen. 48 Prozent beklagten zu wenig soziale Unterstützung durch ihre Vorgesetzten. Die INQA-Wissenschaftler entlarvten auf diese Weise eine große Stressquelle im Joballtag. Denn alle Untersuchungen über das Wohlbefinden und die psychische Gesundheit von Beschäftigten zeigen deutlich, dass der direkte Vorgesetzte dabei eine Schlüsselrolle innehat. Ob in einer Abteilung die Menschen unter dem Stress zusammenbrechen oder die Arbeit wie am Schnürchen und mit Spaß läuft, ob die Mitarbeiter sich anerkannt und sicher fühlen oder viel Zeit mit Grübeln und Taktieren verbringen, hängt zu einem großen Teil an der Führungskraft – und ihren Führungsqualitäten.

Doch offensichtlich haben viele Vorgesetzte genau dieses Talent zum Führen von Mitarbeitern nicht. Klaus Pelster, stellvertretender Leiter des BGF-Instituts in Köln, weiß auch, warum: »Gerade im Mittelstand werden Führungskräfte nach ihrer fachlichen Qualifikation ausgesucht, nicht nach Führungskompetenz oder sozialer Kompetenz.«[14] Soziale Kompetenzen sind für die Karriere scheinbar unwichtig. Und auch später werden wichtige Führungsfähigkeiten wie soziale Kompetenz oder Konfliktfähigkeit nur in wenigen Unternehmen geschult. Dazu kommt, dass die Chefs im modernen Unternehmen ja selbst ständig mehr Druck ausgesetzt sind. »Und wenn die Zeit knapp wird, fällt gerade die Kommunikation mit den Mitarbeitern als Erstes unter den Tisch«, weiß Pelster.

Notbremse innere Kündigung?

Am mangelnden Engagement der Beschäftigten liegt die schlechte Behandlung durch ihre Chefs dagegen nicht. 64 Prozent der Befragten gaben in der INQA-Umfrage an, dass sie oft mit Freude arbeiten. 54 Prozent sind von ihrer eigenen Arbeit begeistert. 72 Prozent der Befragten sind stolz auf ihren Job.

Dieser Widerspruch zwischen hohem Engagement und subjektiv erlebter geringer Anerkennung verstärkt die Unlust der Arbeitnehmer allerdings noch. Denn wer mit Freude seine Aufgabe erledigt und stolz auf seine Firma ist, der ärgert sich ganz besonders, wenn der Vorgesetzte vor allem Ärgernis und Bremse ist, statt die Tätigkeiten seiner Mitarbeiter anzuerkennen, sie zu fördern und die Abteilung positiv und erfolgreich nach außen zu vertreten. Wer in diesem Spannungsfeld arbeitet, ist fast automatisch irritiert und gestresst– und kann auf Dauer krank werden.

Vor dem Hintergrund der INQA-Umfrage bekommt der viel zitierte Gallup-Engagement-Index eine ganz neue Bedeutung: Laut den Untersuchungen von Gallup sind in einem Unternehmen nur 13 Prozent der Beschäftigten emotional an das Unternehmen gebunden, 69 Prozent machen Dienst nach Vorschrift und 18 Prozent haben bereits innerlich gekündigt.[15] Die Interpretation dieser Zahlen lautet oft, dass die Menschen sich heute eben nicht mehr im Job engagieren, ihre Energie lieber in Freizeit oder Familie investieren. Man könnte diese Zahl aber auch so interpretieren, dass offensichtlich in den meisten Firmen die sehr wohl vorhandene Motivation der Mitarbeiter systematisch zerstört wird. Dann wären innere Kündigung und Dienst nach Vorschrift die gesunden Reaktionen auf das überfordernde Umfeld, die schlechte Führung im Unternehmen – sozusagen die Notbremse auf der Erschöpfungsspirale und keineswegs ein Zeichen von Faulheit.

Das gesunde Unternehmen – Luxus oder Leitbild?

Eine teure Notbremse, die Unternehmen das Leben kosten kann. Wie bei dem Elektrounternehmen mit 60 Mitarbeitern, das die Unternehmensberaterin und Diplompsychologin Dr. Maren Kentgens betreute. Maßloser Druck durch den Geschäftsführer und Querelen zwischen den einzelnen Teamleitern waren die Ursache für einen Krankenstand von 25 Prozent, wie die Analyse von Kentgens zeigte. Die Existenz des Mittelständlers war gefährdet.[16]

Und die Entwicklung geht weiter: Globalisierung, Technisierung und die Abhängigkeit von den Aktionären der Unternehmen schreiten unaufhaltsam voran und mit ihr der Wunsch, mit möglichst wenigen Beschäftigten möglichst viel Profit zu erwirtschaften. Unternehmen werden in Zukunft noch weniger Personal beschäftigen – das noch mehr zu tun haben wird. Professor Horst Opaschowski, Zukunftsforscher und Politikberater, hat für diese Entwicklung in seinem Buch *Deutschland 2010* die griffige Formel 0,5 x 2 x 3 entwickelt:[17] »Die Hälfte der Mitarbeiter verdient doppelt so viel und muss dafür dreimal so viel leisten wie früher.« Arbeitsausfälle, sei es durch Krankheit oder fehlende Motivation der Mitarbeiter, kann sich ein Unternehmen, das so funktioniert, nicht mehr leisten.

Zugleich werden in Zukunft mehr ältere Mitarbeiter arbeiten und das Arbeitstempo und die Anforderung an die Flexibilität und Kreativität der Beschäftigten eher weiter zu- als abnehmen. Die psychischen Belastungen werden deshalb noch steigen. Wer dann noch die Belastung der Mitarbeiter unnötig (da vermeidbar) erhöht, weil die Führungskräfte schlecht qualifiziert sind, Zeitdruck durch schlechte Abläufe verstärkt wird und Überstunden, Unsicherheit, ungelöste Konflikte und Erschöpfung zur Tagesordnung gehören, den wird schließlich der Markt bestrafen. Denn wenn die Strukturen des Unternehmens an den Nerven der Mitarbeiter zerren, kann das gesamte Unternehmen nicht wirklich funktionieren. Insofern wird die Gesundheit, Kreativität, Eigenverantwortlichkeit und Leistungsfähigkeit der Mitarbeiter immer stärker über das Wohl und Weh des Unternehmens entscheiden.

»Es reicht nicht, dass ein Unternehmen Potenzial hat. Man muss dieses Potenzial auch mobilisieren. Und das hängt von der Motivation des Mitarbeiters ab. Dabei hängt die Motivation wiederum vom Befinden des Mitarbeiters ab und ob er sich fair behandelt fühlt«, bringt Professor Bernhard Badura die Zusammenhänge von Mitarbeitergesundheit und Unternehmenserfolg auf den Punkt.[18] Badura gilt als einer der Pioniere für strategische Konzepte für das Betriebliche Gesundheitsmanagement, leitet die Fakultät für Gesundheitswissenschaften der Universität Bielefeld und ist Vorstandsvorsitzender der Deutschen Gesellschaft für Public Health.

Was also tun? Ansätze für die Umsetzung eines modernen Gesundheitsmanagements gibt es inzwischen viele. Wichtige Stellhebel sind offensichtlich die Professionalisierung der Führungskräfte und die Verbesserung der Arbeitsbedingungen. Denn erst wenn Führung und Arbeitsumfeld stimmen, werden Mitarbeiter Gesundheitsschulungen annehmen und im täglichen Arbeitsleben einsetzen können.

Welcher konkrete Ansatz der Gesundheitsförderung am besten in ein Unternehmen passt, welche strategische Umsetzung für das Unternehmen funktioniert, hängt natürlich von vielen verschiedenen Faktoren ab. Aber eine gemeinsame Basis haben alle diese Aktionen, wenn sie erfolgreich sein sollen: Am Anfang steht eine detaillierte Mitarbeiterbefragung und ihre ehrliche Auswertung sowie der erklärte Wille der Geschäftsleitung, wirklich etwas zu verbessern: Arbeitsplätze zu schaffen, an denen sich Menschen wohl fühlen, gut arbeiten können und nicht unter Stress und Arbeitslast zusammenbrechen.

Natürlich wird es in diesem Spannungsfeld nie zu einer vollständigen Deckung der Interessen zwischen Arbeitnehmer und Betrieb kommen können. Auch hier handelt es sich um einen Balanceakt: den kreativen Balanceakt zwischen den individuellen und den betrieblichen Interessen, zwischen dem einzelnen Mitarbeiter und dem Unternehmen.

Nachwort

Wenn wir uns heute im Arbeitsleben alle in einem kontinuierlichen Balanceakt zwischen Erschöpfung und Selbstverwirklichung befinden, dann wollen wir uns am Ende noch einmal die Frage nach der Erschöpfungsspirale stellen. Wenn an ihrem unteren Ende die Depression lauert, wie könnte es denn oben weitergehen? Gibt es umgekehrt eine Glücksspirale? Was ist der Gegenpart zu Erschöpfung? Kraft, Erfolg, Zufriedenheit, Harmonie, Gemeinschaft und Lebenssinn? Vielleicht schlicht Gesundheit?

Die Weltgesundheitsorganisation (WHO) beschrieb schon 1948 Gesundheit als »einen Zustand des umfassenden körperlichen, geistigen und sozialen Wohlbefindens« und »nicht nur als Fehlen von Krankheit oder Behinderung.«[1]

Wer nicht krank ist, muss also noch lange nicht gesund sein. In der Ottawa-Charta zur Gesundheitsförderung aus dem Jahre 1986[2] beschreibt die WHO deshalb Gesundheit als einen wesentlichen Bestandteil unseres alltäglichen Lebens und nicht als ein vorrangiges Lebensziel. Gesundheit entspricht einem positiven Konzept, das die Bedeutung sozialer und individueller Ressourcen für die Gesundheit ebenso betont wie die körperlichen Fähigkeiten. Gesundheit ist so verstanden ein Stadium des Gleichgewichts zwischen gesundheitsbelastenden und gesundheitsfördernden Faktoren. Gesundheit entsteht, wenn Menschen ihre Ressourcen optimal entfalten und mobilisieren können, um so inneren (körperlichen und psychischen) und äußeren (sozialen und materiel-

Nachwort

len) Anforderungen zu begegnen. Gesundheit und Krankheit gelten dabei nicht als einander ausschließende Zustände. Vielmehr sind sie die Eckpunkte eines gemeinsamen Kontinuums. Die Erschöpfungsspirale könnte in umgekehrter Richtung also so etwas wie eine Gesundheitsspirale werden. Damit stehen nicht nur die belastenden Faktoren im Vordergrund, sondern unsere Stärken und unsere Widerstandsfähigkeit sind genauso bedeutend. Das Zauberwort heißt Resilienz. Im Lateinischen bezeichnet das Verb risalire die Fähigkeit, »zurückzuspringen, etwas abprallen zu lassen«. Im übertragenen Sinne meint Resilienz unsere Elastizität und Widerstandskraft: die Fähigkeit, unsere Ressourcen erfolgreich zu nutzen, um Aufgaben und Belastungen gesund zu bewältigen.

Der amerikanische Berater, Trainer und Autor Al Siebert[3] bezeichnet Resilienz als die Überlebenstechnik in Zeiten des Wandels. Er versteht unter Resilienz die Fähigkeit, mit abrupten Veränderungen gut zurechtzukommen. Dazu sei erforderlich, trotz hoher Belastung psychisch und körperlich gesund zu bleiben, sich von unvermeidlichen Rückschlägen rasch zu erholen, Widerstände zu überwinden, sich schnell an neue Lebens- und Arbeitsweisen anpassen zu können, und das alles, ohne sich selbst oder anderen zu schaden. Aber wer ist schon Superman oder Superwoman?

Bescheidenheit ist angesagt. Denn die vielleicht größte Stärke ist es, unsere Grenzen zu erkennen – und auch anzuerkennen. Niederlagen gehören zu jedem Leben und negative Gefühle wie Enttäuschung, Ohnmacht, Angst und Trauer sind ebenfalls feste Bestandteile unseres Daseins. Beständige Reflexion und die Gemeinschaft oder Solidarität mit anderen Menschen können uns schützen. Der eigene Standpunkt lässt sich am besten im Gespräch mit einem Freund klären, und wenn uns Konkurrenz oder Überforderung am Arbeitsplatz bedroht, tröstet und entlastet uns am schnellsten und besten die Rückmeldung unseres Partners. Geteiltes Leid ist halbes Leid. Und umgekehrt müssen wir vielleicht nur halb so stark sein,

Nachwort

wie wir es uns in unserer Phantasie ausmalen oder glauben, dass andere es von uns erwarten. Nur so kann es uns gelingen, unseren Referenzwert (siehe Kapitel 2) optimal auf unsere Gesundheit auszurichten. Uns selbst realistisch zu betrachten, mit unseren Stärken und Schwächen, das ist die gesunde Voraussetzung, uns im Leben beständig weiterzuentwickeln. Und nichts ist dabei so wertvoll wie das Gespräch und die Gemeinschaft mit den Menschen, die uns nahe stehen. Denn es gibt auf jede Herausforderung immer mehr als eine Antwort.

Sobald man sich mit diesem Thema intensiver beschäftigt, kommt man nicht umhin, auch seine eigene Einstellung zur Arbeit neu zu überdenken. Für beide Autoren hatte das ganz unterschiedliche Folgen.

Hans-Peter Unger:
Die Arbeit an diesem Buch hat mir als Psychiater und Psychotherapeut gezeigt, wie wichtig meine Familie mir ist und dass ich zu oft ohne bewusste Entscheidung der Arbeit den Vorrang eingeräumt und mich damit unbewusst gegen meine Frau und meine beiden Söhne entschieden habe. Als Klinikleiter kann ich besser akzeptieren, dass Mitarbeiter sich heute klar entscheiden, welche Prioritäten sie setzen, im Beruf und im eigenen Leben, und wie die Arbeitsanforderungen mit den persönlichen Zielsetzungen kompatibel sein müssen. Hier dürfen auch neue Wege erprobt werden. Als Psychotherapeut danke ich den Patienten, die mich in den letzten Jahren aus ganz unterschiedlicher Sicht auf das Thema Arbeitswelt gestoßen haben. Die aktuelle Arbeitssituation und die veränderten sozialen Rahmenbedingungen werden aus meiner Sicht in Psychiatrie, Psychotherapie und Psychosomatik zu wenig berücksichtigt. Jeder befindet sich heute auf ganz unterschiedlichen Positionen der durch Individualisierung und Globalisierung vorgegebenen Erschöpfungsspirale. Jugendliche Langzeitarbeitslose oder überarbeitete und narzisstisch verletzte

Nachwort

Topmanager sind nur zwei extreme Beispiele, die die Bedeutung aufzeigen, die Arbeit für unser Leben und unser Wohlbefinden hat. Und beide können mit den gleichen Symptomen einer Depression in Behandlung kommen. Ganz entscheidend ist für mich deshalb die Erkenntnis, dass es fast einem Kunstfehler gleichkommt, mit dem Patienten nicht die Arbeitssituation zu untersuchen und ihn bei der Entwicklung von Lösungsmöglichkeiten zu unterstützen. Besser als jede Behandlung ist natürlich die Prävention. Wir sind immer wieder aufgerufen, mit wachem Bewusstsein wahrzunehmen, wie es um unsere Balance im Arbeitsleben steht.

Carola Kleinschmidt:
Das Thema Arbeit und Gesundheit begleitet mich als selbstständige Journalistin bereits einige Jahre. Aber erst die Arbeit an unserem Buch hat mir die Augen geöffnet, wie häufig ich selbst schon auf der Erschöpfungsspirale nach unten getrudelt bin – und nichts dagegen unternommen habe. Einfach, weil ich dachte, dass man nichts dagegen tun kann. Und weil ich der Meinung war, dass bestimmt irgendwann später genug Zeit zum Erholen sei. Jetzt ist mir klar: Das Warten auf ruhigere Zeiten lohnt nicht. Sie werden nicht kommen. Es gibt immer ein Projekt, das drängt, eine Idee, die umgesetzt werden möchte.

Und ich weiß, dass genau der Gedanke, sich irgendwann später zu erholen (und jetzt mit unverminderter Kraft weiterzuackern), keine Lösung, sondern bereits ein Zeichen für die zweite Stufe der Erschöpfung ist. Seitdem mache ich genau dann eine Pause, wenn mich das Gefühl überkommt, dass auf keinen Fall mehr Zeit für eine Unterbrechung der Arbeit sei. Eine kleine Maßnahme mit großem Effekt: Mein Arbeitstag ist sehr viel entspannter geworden. Anhaltende Stressphasen sind verschwunden. Der Blick für das, was mir wirklich wichtig ist, ist klarer als je zuvor. Ein wertvolles Geschenk, das mir dieses Buch gemacht hat.

Dank

Hans-Peter Unger:
Mein Dank richtet sich an meine Frau Gertraude Lange-Unger und meine beiden Söhne Leon und Timon, die allzu oft einen »gestressten« Vater ertragen haben. Mein Dank gilt zudem Prof. Marie Asberg, Sibylle Buschert, Prof. Alfred Oppholzer, Nicole Plinz, Dr. Markus Preiter, Annetty Lichy und Nicolai Magdalinski für ihre Unterstützung. Schließlich gilt mein Dank den zahlreichen Patienten, die mit ihren Berichten aus dem Arbeitsleben die Idee zu diesem Buch maßgeblich beeinflusst haben.

Carola Kleinschmidt:
Ich möchte mich bei denen bedanken, die mich auf dem Weg zum und durch das Buch unterstützten: zuallererst meinem Lebensgefährten Alexander Kiausch und meinem Sohn Felix. Für was? Es wäre zu viel, um alles hier aufzuzählen. Anne Otto möchte ich für ihre so hilfreichen Überlegungen und ihre warmherzige Freundschaft danken und meiner Bürogemeinschaft für ihre Unterstützung. Das Thema hat auch sie viele Mittagessen lang beschäftigt. Vielen Dank auch an Beatrice Roggenbach und Elke Rehhorn für ihre Anmerkungen zum Skript sowie an Anna Weinert für ihre lebenskluge Begleitung. Vielen Dank an all meine Interviewpartner, die mit großer Sorgfalt Antwort auf Dutzende von Fragen gaben.

Herzlichen Dank von beiden Autoren an Heike Mayer, unsere Lektorin im Kösel-Verlag, für ihre treffenden Anmerkungen sowie ihre unglaublich schnelle und konstruktive Arbeit am Skript. Ein herzliches Dankeschön geht schließlich auch an unsere Gesprächspartner (Kapitel 5), die uns so offen und anschaulich von sich und ihrem (Arbeits-)Leben erzählt haben.

Anmerkungen

Einleitung

1 Vgl. Benkert (2005). Das Buch greift erstmals in Deutschland ausführlich das Thema auf, welche große Rolle Stress bei der Entstehung von Depressionen spielt. Der Arzt für Psychiatrie und Psychotherapie hat dazu eine Menge aktueller Forschungsergebnisse zusammengetragen, die diese These untermauern.
2 Sellmaier (2005)
3 *Report München*: Sendung vom 23.06.2003
4 Deckstein (2005)
5 DAK-Gesundheitsreport 2002. Zu beziehen über DAK Versorgungsmanagement, Nagelsweg 27, 20097 Hamburg
6 DAK Gesundheitsreport 2005. (Bezugsadresse s.o.)
7 Asberg (2001), Nygren (2002)
8 Murray/Lopez (1997) und Mathers/Loncan (2005)
9 Nygren (2002)
10 Althaus (2004)
11 Clemens (2005), weitere Informationen unter www.workplacementalhealth.org
12 Ehrenberg (2004)
13 Grass (2005)
14 Taylor (2005)
15 Sennett (2000)

Kapitel 1

1 *The Lancet* (2004)
2 Westerlund (2004)
3 Siegrist (2005). In dieser Publikation wertet Siegrist die Ergebnisse mehrerer Studien zu den Ursachen von arbeitsbedingten psychischen Erkrankungen aus ganz verschiedenen Ländern aus.
4 Karasek (1990)

Anmerkungen

5 Siegrist (2005)
6 Umfrage der Initiative Neue Qualität der Arbeit INQA 2005
7 Marmot (1991)
8 Siegrist (1996). Vgl. auch Siegrist et al. (2005)
9 Siegrist (2002)
10 Kivimäki (2002)
11 Kleinschmidt (2004)
12 Westerlund (2004)
13 Langlieb (2005)
14 Kuhn, Karl, Direktor der Bundesanstalt für Arbeitsmedizin und Arbeitsschutz, telefonische Auskunft 2005
15 Panse (2004)
16 Asberg et al. (2001). Die Medizinerin Marie Asberg vom Karolinska-Institut in Stockholm befragte in den letzten Jahren gemeinsam mit ihren Kollegen rund 800 Arbeitnehmer, die wegen psychischer Erkrankungen länger als drei Monate krankgeschrieben waren. Da es bisher keine englischsprachigen Veröffentlichungen von Marie Asberg und ihren Kollegen gibt, wurde für dieses Buch ein ausführliches Telefoninterview mit der Medizinerin geführt. Alle nicht näher gekennzeichneten Aussagen von Marie Asberg stammen aus diesem Interview.
17 Initiative Arbeit und Gesundheit (2004), download unter http://www.iga-info.de/reporte.php
18 Hasselhorn et.al. (2003)
19 DAK-Gesundheitsreport 2005
20 Weber et al. (2006)
21 Podiumsdiskussion auf dem 1. Harburger Anti-Depressionstag am 26.10.2005
22 vgl. Asberg et al. (2001)
23 Mathers/Loncan (2005)
24 Wittchen et al. (2000)
25 Kessler et al. (2005)
26 Schmitz (2006)

Exkurs 1

1 Wittchen et al. (2000)
2 Siehe z.B. Althaus et al. (2006), Hegerl et al. (2005), www.buendnis-depression.de oder www.kompetenznetz-depression.de
3 Keller et al. (1982)
4 Nolen-Hoeksema (2002)
5 Kasper (2005)

Kapitel 2

1 Kramer (2004)
2 Blazer (2005)
3 Ehrenberg (2004)
4 Wilkinson (2003)
5 Grünewald (2006)
6 Layard (2005)
7 Wagner (2005)
8 Pieper (2001)
9 Reinhardt (2005)
10 Friedman (2005)
11 *The Economist*: »Special report: China and the world economy«. Vol 376, Nr. 8437: 65-67
12 Ehrenberg (2004)

Exkurs 2

1 Preiter (2006), download unter www.sub.uni-hamburg.de/opus/volltexte/2006/2888

Kapitel 3

1 Seyle (1948)
2 McEwen (1998) und McEwen (2004)

3 Allenspach/Brechbühler (2005)
4 DAK Gesundheitsreport 2005
5 Ebd.
6 Fuchs (2006)
7 Sennett (2000)
8 Servan-Schreiber (2004)
9 Emnid-Befragung im Auftrag des Ministeriums für Arbeit, Gesundheit und Soziales NRW. Gesundheitsschutz am Arbeitsplatz. Düsseldorf: Statusanalyse 94/95, 1996
10 Kolitzus (2003)
11 Freudenberger (1974)
12 Burisch (2005)
13 Hillert/Marwitz (2006)
14 Burisch (2005)
15 Maslach (1982)
16 Burisch (2005)
17 Zapf (1999)
18 Knorz/Zapf (1996)
19 Hirigoyen (1999)
20 Schwickerath (2001)
21 Zapf (1999)
22 Vgl. Benkert (2005)

Exkurs 3

1 van Praag et al. (2004)
2 Busch et al. (2004)
3 Zum Thema Kränkung siehe auch Kipp et al. (2006), Wardetzki (2000) und Wardetzki (2005)

Kapitel 4

1 Merllié/Paoli (2002)
2 Asberg et al. (2001), vgl. Kapitel 1, Fußnote 16

Exkurs 4

1. Wallace et al. (2004)
2. Stein et al. (2006)
3. Callahan/Berrios (2005)
4. Aldenhoff (1997)
5. Deuschle et al. (2002) und Grace (2005)
6. Onroe/Hadjiyannakis (2002)
7. Duman et al. (1997)
8. Berger/Calker (2004)
9. Vgl. NICE guidelines for depression. National Institute for Clinical Excellence, London, www.nice.org.uk und Deutsche Gesellschaft für Psychiatrie, Psychotherapie und Nervenheilkunde (2000)
10. Beck et al. (1979)
11. Vgl. Bäuml (2001), Hautzinger (2000), Hegerl et. al. (2005)
12. Vgl. Hegerl et al. (2005), Senf/Broda (1994), Luborsky (1988), Reimer et al. (1994)
13. Biermann-Ratjen et al. (1997)
14. Schramm (1996)
15. Senf/Broda (1994), Reimer et al. (1994)
16. Russo-Neustadt et al. (1999)
17. Segal et al. (2002)

Kapitel 5

1. Sprenger (2005)
2. Steiner (2005)
3. Lemper-Pychlau (2004)
4. Csikszentmihalyi (2004)
5. Antonovsky (1987)
6. Siehe z.B. Kabat-Zinn (2006)
7. Am Allgemeinen Krankenhaus Harburg läuft derzeit ein Pilotprojekt, das Menschen mit Depressionen in Mindfulness schult. Die Patienten, die das Projekt sehr gut annehmen, äußern sich erstaunt, wie gut sie sich nach den Übungen fühlen. Siehe auch Unger (2006).

8 Weitere Informationen beim Institut für Achtsamkeit und Stressbewältigung, Köln (www.institut-fuer-achtsamkeit.de)
9 Klaasmann (2005)
10 Whitehall II Studie, Marmot et al. (1991)
11 Fuchs (2006)
12 Siegrist (2005)
13 Schwartz (2004)
14 Schwartz (2002)
15 *brand eins* (2006)
16 Sennett (2000)

Exkurs 5

1 Beim Deutschen Bündnis gegen Depression können zum Thema Depression in der Arbeitswelt Schulungen und Unterlagen mit ausführlichen Informationen angefordert werden, vgl. Althaus et al. (2004).
2 Althaus et al. (2004)
3 Sozialgesetzbuch Neuntes Buch in der Fassung des Gesetzes zur Förderung der Ausbildung und Beschäftigung schwerbehinderter Menschen vom 23. April 2004. Bundesgesetzblatt, Teil I, Nr. 18 vom 28. April 2004, S. 606. www.bundesgesetzblatt.de
4 Weitere Informationen unter www.integrationsaemter.de
5 Weitere Informationen unter www.arbeitsagentur.de und www.ausbildungberufchancen.de

Kapitel 6

1 WHO Ottawa-Charta, Genf, 1986
2 Stewart/Ward/Purvis (2004)
3 Umfrage der Initiative Neue Qualität in der Arbeit INQA 2006
4 Fuchs (2006)
5 WSI-Betriebs- und Personalrätebefragung 2004 zu Gesundheitsbelastungen und Prävention am Arbeitsplatz. Download der Umfrageergebnisse unter:

Anmerkungen

    http://www.boeckler.de/cps/rde/xchg/
    SID-3D0AB75D-88CFD88E/hbs/hs.xsl/510_37878.html
6 Die folgenden Informationen über Katjes Fassin GmbH & Co. KG sowie über die Memo AG entstammen ausführlichen Interviews von Carola Kleinschmidt über die getroffenen Maßnahmen in der Gesundheitsförderung. Zu Lands' End GmbH und SAP vgl. Hauser/Göggelmann (2005).
7 Kleinschmidt (2005)
8 Klaasmann (2005)
9 Kuhn, Karl, Direktor der Bundesanstalt für Arbeitsmedizin und Arbeitsschutz, telefonische Auskunft 2005
10 Telefonisches Interview mit Michael Kastner von Carola Kleinschmidt
11 Telefonisches Interview mit Heinz Kowalski von Carola Kleinschmidt
12 Telefonisches Interview mit Frank Hauser von Carola Kleinschmidt
13 Telefonisches Interview mit Claus Schäfer von Carola Kleinschmidt
14 Telefonisches Interview mit Klaus Pelster von Carola Kleinschmidt
15 Gallup-Engagement-Index: www. gallup.de
16 Telefonisches Interview mit Maren Kentgens von Carola Kleinschmidt
17 Opaschowski (2001)
18 Kleinschmidt (2004)

Nachwort

1 WHO Weltgesundheitsorganisation, Genf, 1948
2 WHO Ottawa-Charta, Genf, 1986
3 Siebert (2006)

Literaturverzeichnis

Aldenhoff, J. (1997): »Überlegungen zur Psychobiologie der Depression.« In: *Der Nervenarzt* 68/1997: 379-389

Allenspach, M./Brechbühler, A. (2005): *Stress am Arbeitsplatz. Theoretische Grundlagen, Ursachen, Folgen und Prävention.* Bern: Huber

Althaus, D./Hegerl, U./Reiners, R. (2006): *Depressiv? Zwei Fachleute und ein Betroffener beantworten die 111 wichtigsten Fragen.* München: Kösel

Althaus, D./Magdalinski, N./Unger, H.-P./Eder Michaelis, G./Schäfer, R./Hegerl, U. (2004): »Müde, erschöpft, leer – krank? Was tun, wenn Mitarbeiter ausbrennen oder depressiv werden?« Foliensatz, Deutsches Bündnis gegen Depression (www.buendnis-depression.de)

Antonovsky, A. (1987): *Unraveling the mystery of health. How people manage stress and stay well.* San Francisco: Josey Bass Publishers

Asberg, M./Nygren, A./Rylander, G. (2001): »Arbeitsbezogener Stress und seine Folgen«. Vortrag auf dem Seminar »Stress und Ausgebranntsein – ein wachsendes Problem für Angestellte« des Internationalen Metaller Gewerkschaftsbundes und der schwedischen Gewerkschaft im April 2001 in Stockholm. Nachzulesen unter http://de.osha.eu.int/docs/div/stress_german.pdf

Asgodom, S. (2004): *12 Schlüssel zur Gelassenheit. So stoppen Sie den Stress.* München: Kösel

Baum, J. (2002): *Wie's weitergeht, wenn nichts mehr geht. Strategien in schwierigen Zeiten.* München: Kösel

Bäuml, J. (2001): »Was kann Psychotherapie?« In: Bundesverband der Angehörigen psychisch Kranker e.V. (Hrsg.): *Mit psychisch Kranken leben.* Bonn: Psychiatrie Verlag

Beck, A.T./Rush, A.J./Shaw, B.F./Emery, G. (1979): *Cognitive therapy of depression.* New York: The Guilford Press

Benkert, O. (2005): *Stressdepression. Die neue Volkskrankheit und was man dagegen tun kann.* München: C.H. Beck

Berger, M./van Calker, D. (2004): »Affektive Störungen«. In: Berger, M. (Hrsg.): *Psychische Erkrankungen, Klinik und Therapie.* München: Urban und Fischer

Biermann-Ratjen, E./Eckert, J./Schwartz, H.J. (1997): *Gesprächspsychotherapie.* Stuttgart: Kohlhammer

Blazer, D.G. (2005): *The age of melancholy. Major depression and its social origins.* New York: Brunner Routledge

brand eins (5/2006): *Ende.* Hamburg: brand eins Verlag

Burisch, M. (1994): »Ausgebrannt, verschlissen, durchgerostet«. In: *Psychologie heute,* 9/1994

Burisch, M. (2005): *Das Burnout-Syndrom. Theorie der inneren Erschöpfung.* Berlin: Springer

Busch, F.N./Rudden, M./Shapiro, T. (2004): *Psychodynamic treatment of depression.* Arlington: American Psychiatric Publishing

Callahan, C.M./Berrios, G.E. (2005): *Reinventing depression.* Oxford, New York: Oxford University Press

Clemens, N.A. (2005): »Why business needs quality care for depression, anxiety and substance-use disorders«. Vortrag, Component Workshop 48, 2005, 158th APA (American Psychiatric Association) annual meeting, Atlanta, Proceedings S. 253

Csikszentmihalyi, M. (2004): *Flow im Beruf. Das Geheimnis des Glücks am Arbeitsplatz.* Stuttgart: Klett-Cotta

Deckstein, D. (2005): »Tatort Arbeitsplatz«. In: *Süddeutsche Zeitung* 04.03.2005

Deuschle, M./Lederbogen, F./Borggrefe, M./Ladwig, K.-H. (2002): »Erhöhtes kardiovaskuläres Risiko bei depressiven Patienten«. In: *Deutsches Ärzteblatt,* 99/49: 2805-2811

Deutsche Gesellschaft für Psychiatrie, Psychotherapie und Nervenheilkunde (DGPPN) (2000): *Praxisleitlinien in Psychiatrie und Psychotherapie, Band 5: Affektive Erkrankungen.* Darmstadt: Steinkopf

Duman, R.S./Heninger, G.R./Nestler, E.J. (1997): »A molecular and cellular hypothesis of depression.« In: *Arch. Gen. Psychiatry,* 54/1997: 597-606

Ehrenberg, A. (2004): *Das erschöpfte Selbst. Depression und Gesellschaft in der Gegenwart.* Frankfurt/Main: Campus

Freudenberger, H.J. (1974): »Staff burnout«. In: *Journal of Social Issues,* 30/1974: 159-165

Friedman, T.L. (2005*): The world is flat. A brief history of the twenty-first century.* New York: Farrar, Strauss and Giroux; dt. Ausgabe: *Die Welt ist flach.* Frankfurt: Suhrkamp 2006

Fuchs, T. (2006): »Was ist gute Arbeit? Anforderungen aus der Sicht von Erwerbstätigen«. Schriftenreihe der Bundesanstalt für Arbeitsschutz und Arbeitsmedizin. Dortmund/Berlin

Göggelmann, U./Hauser, F. (2005): *Deutschlands Beste Arbeitgeber. Ein Blick hinter die Kulissen.* München: FinanzBuch Verlag

Grace, S.L. (2005): »Effect of depression on five-year mortality after an acute coronary syndrome«. In: *American Journal of Cardiology* 96/2005: 1179-1185

Grass, G. (2005): »Freiheit nach Börsenmaß«. In: *Die Zeit*, 19/2005: 1-2

Grünewald, S. (2006): *Deutschland auf der Couch. Eine Gesellschaft zwischen Stillstand und Leidenschaft.* Frankfurt/Main: Campus

Hasselhorn, H.-M./Bosselmann, Th./Michaelis, M./Scheuch, K. (2003): *Psychosoziale Faktoren und betriebsärztliche Tätigkeit.* Bremerhaven: Wirtschaftsverlag NW Verlag für Neue Wissenschaft

Hautzinger, M. (2000): *Kognitive Verhaltenstherapie bei Depressionen.* Weinheim: Beltz

Hegerl, U./Althaus, D./Reiners, H. (2005): *Das Rätsel Depression. Eine Krankheit wird entschlüsselt.* München: C.H. Beck

Hillert, A./Marwitz, M. (2006): *Die Burnout-Epidemie.* München: C.H. Beck

Hirigoyen, M.-F.(1999): *Die Masken der Niedertracht. Seelische Gewalt im Alltag und wie man sich dagegen wehren kann.* München: C.H. Beck

Initiative Arbeit und Gesundheit (Hrsg.) (2004): »Ausmaß, Stellenwert und betriebliche Relevanz psychischer Belastungen bei der Arbeit«. Ergebnisse einer Befragung von Arbeitsschutzexperten. IGA-Report 5/2004

Kabat-Zinn, J. (2006): *Zur Besinnung kommen. Die Weisheit der Sinne und der Sinn der Achtsamkeit in einer aus den Fugen geratenen Welt.* Freiamt: Arbor

Karasek, R./Theorell, T. (1992): *Healthy work. Stress, productivity, and the reconstruction of working life.* New York: Basic Books

Kasper, S. (2005): »Traurige Machos«. In: *Der Spiegel*, 41, 2005

Kastner, M. (2004): *Die Zukunft der Work Life Balance.* Kröning: Asanger

Keller, M.B./Shapiro, R./Lavori, P.W./Wolfe, N. (1982): »Recovery in major depressive disorder. Analysis with the life time table and regression models«. In: *Arch Gen Psychiatry,* 39/8: 905-910

Kessler, R./Berglund, P./Demler, O./Walters, E.E. (2005): »Lifetime prevalence and age-onset distributions of DSM-IV disorders in the national comorbidity survey replication.« In: *Arch Gen Psychiatry,* 62: 593–602

Kipp, J./Unger, H.-P./Wehmeier, P.M. (2006): *Beziehung und Psychose. Leitfaden für den verstehenden Umgang mit schizophrenen, depressiven und manischen Patienten.* Gießen: Psychosozial Verlag

Kivimäki, M. et al. (2002): »Work stress and risk of cardiovaskular mortality; prospective cohort study of industrial employees«. In: *British Medical Journal,* 325, 857-860

Klaasmann, J.K. (2005): »Gesundes Schwingen«. In: *Psychologie heute,* 7/2005

Klages, H. (2002): *Der blockierte Mensch. Zukunftsaufgaben gesellschaftlicher und organisatorischer Gestaltung.* Frankfurt/Main: Campus

Kleinschmidt, C./Otto, A. (2002): »Erfolgreiche Männer und Frauen. Was macht Sinn in ihrem Arbeitsleben?« In: Wegener, G. (Hrsg.): *Macht Wirtschaft Sinn?* Loccumer Protokolle, 66/02

Kleinschmidt, C. (2004): »Betriebliche Gesundheitsförderung im Wandel«. In: *Die Personalführung,* 12/2004: 50-61

Kleinschmidt, C. (2005): »Stress nach lass!« In: *Markt und Mittelstand,* 06/2005: 26-34

Knorz, C./Zapf, D. (1996): »Mobbing. Eine extreme Form sozialer Stressoren am Arbeitsplatz«. In: *Zeitschrift für Arbeits- und Organisationspsychologie,* 40: 12-21

Kolitzus, H. (2003): *Das Anti-Burnout-Erfolgsprogramm. Gesundheit, Glück und Glaube.* München: dtv

Kramer, P.D. (2005): *Against depression.* New York: Penguin

The Lancet (2004): »Editorial«. In: *The Lancet.* Vol. 336/9416

Langlieb, A. (2005): »Component Workshop 48«. Vortrag auf dem 158th APA (American Psychiatric Association) annual meeting, Atlanta 2005, Proceedings

Layard, R. (2005): *Die glückliche Gesellschaft. Kurswechsel für Politik und Wirtschaft.* Frankfurt/Main: Campus

Lemper-Pychlau, M. (2004): *Durch Selbstcoaching zum Erfolg. Positive Energien entwickeln.* Freiburg: Herder

Luborsky, L. (1988): *Einführung in die analytische Psychotherapie.* Berlin: Springer

Maier, C. (2005): *Die Entdeckung der Faulheit. Von der Kunst, bei der Arbeit möglichst wenig zu tun.* München: Goldmann

Marmot, M.G. et al. (1991): »Health inequalities among British civil servants«. The Whitehall II study. In: *The Lancet*, 337: 1387-1393

Maslach, C. (1976): »Burned-out«. In: *Human Behaviour*, 5/1976: 16-22

Maslach, C. (1982): *Burnout. The cost of caring.* Englewood Cliffs, NJ: Prentice Hall

Mathers, C.D./Loncan, D. (2005): »Updated projections of global mortality and burden of disease, 2002-2030: Data sources, methods and results«, WHO
(www.who.int/topics/global_burden_of_disease/en/)

McEwen, B.S. (1998): »Protective and damaging aspects of stress mediators«. In: *New England Journal of Medicine*, 338: 171-179

McEwen, B.S. (2004): »Protection and damage from acute and chronic stress. Allostasis and allostatic overload and relevance to the pathophysiology of psychiatric disorders«. In: *Ann N Y Academic Science*, 1032: 1-7

Merllié, D./Paoli, P. (2002): »Dritte Europäische Umfrage über die Arbeitsbedingungen 2000 der Europäischen Stiftung zur Verbesserung der Lebens- und Arbeitsbedingungen«. Luxemburg: Amt für amtliche Veröffentlichungen der Europäischen Gemeinschaften

Murray, C.J./Lopez, A.D. (1997): »Global and regional descriptive epidemiology of disability: Incidence, prevalence, health expectancies and years lived with disability«. In: Murray, C.J./Lopez, A.D. (eds.): *The global burden of disease and injury series,* Vol. 1. Harvard: Harvard University Press: 201-246

Nolen-Hoeksema, S. (2002): »Gender differences in depression«. In: Gotlib, I.H./Hammen, C.L. (eds.): *Handbook of depression.* New York: The Guilford Press

Nygren, A./Asberg, M./Rylander, G./Rydmark, I./Nathell, L. (2002): »Job stress-related depression – a Swedish epidemic?« Abstract in: Lindefors, N./Nybäck, H./Sedvall, G. C./Wiesel F.-A. (eds.): *Abstract book.* 11th AEP Congress Stockholm

O'Connor, R. (2005): *Undoing perpetual stress*. New York: Berkeley

Onroe, S.M./Hadjiyannakis, K. (2002): »The social environment and depression«. In: Gotlib, I.H./Hammen, C.L. (eds.): *Handbook of depression*. New York: The Guilford Press

Opaschowski, H.W. (2001): *Deutschland 2010. Wie wir morgen leben. Voraussagen der Wissenschaft zur Zukunft unserer Gesellschaft*. Hamburg: Germa-Press

Panse, W./Stegmann, W. (2004): *Angst, Macht, Erfolg. Erkennen Sie die Macht der konstruktiven Angst*. München: Volk Verlag

Pieper, A. (2001): *Glückssache: Die Kunst, gut zu leben*. Hamburg: Hoffmann und Campe

van Praag, H.M./de Kloet, R./van Os, J. (2004): *Stress. The brain and depression*. Cambridge, NY: Cambridge University Press

Preiter, M. (2006): »Der Einfluss neodarwinistischer Theorien auf die Interpretation menschlicher Psychopathologie und deren Relevanz für die psychiatrische Konzeptbildung«. Dissertation

Reimer, Ch./Eckert, J./Hautzinger, M./Wilke, E. (Hrsg.) (1994): *Psychotherapie*. Berlin: Springer

Reinhardt, V. (2005): »Aufbruch zu neuen Horizonten«. In: *Geo Epoche*, 19/2005

Riedesser, P. (2003): »Entwicklungspsychotraumatologie«. In: Herpertz-Dahlmann, B./Resch, F./Schulte-Markwort, M./Warnke, A. (Hrsg.): *Entwicklungspsychiatrie*. Stuttgart: Schattauer

Russo-Neustadt, A./Beard, R.C./Cotman, C.W. (1999): »Exercise, antidepressant medications, and enhanced Brain-derived neurotrophic factor expression«. In: *Neuropsychopharmakology*, 21/5 (1999): 679-682

Schmitz, S. (2006): »Wohlstand für alle«. In: *Stern*, 13/2006: 116-129

Schramm, E. (1996): *Interpersonelle Psychotherapie*. Stuttgart: Schattauer

Schwartz, B. et.al. (2002): »Maximising versus satisficing: Happiness is a matter of choice«. In: *Journal of Personality and Social Psychology*, 83/2002

Schwartz, B. (2004): *Anleitung zur Unzufriedenheit. Warum weniger glücklicher macht*. Berlin: Ullstein

Schwickerath, J. (2001): »Mobbing am Arbeitsplatz. Aktuelle Konzepte zu Theorie, Diagnostik und Verhaltenstherapie«. In: *Der Psychotherapeut*, 46/2001: 199–213

Segal, Z.V./Williams, J.M.G./Teasdale, J.D. (2002): *Mindfulness-based cognitive therapy for depression*. New York: The Guilford Press
Sellmaier, N. (2005): »Kollege Angst«. In: *Stern*, 14/2005: 64-68
Senf, W./Broda, M. (Hrsg.) (1994): *Praxis der Psychotherapie*. Stuttgart: Thieme
Sennett, R. (2000): *Der flexible Mensch. Die Kultur des neuen Kapitalismus*. Berlin: Siedler Verlag
Servan-Schreiber, D. (2004): *Die neue Medizin der Emotionen. Stress, Angst, Depression: Gesund werden ohne Medikamente*. München: Kunstmann
Seyle, H. (1948): »The general adaptations syndrome and the diseases of adaptation«. In: *Journal of Clinical Endocrinology*: 117-230
Siebert, A. (2006): »The resiliency imperative for executives, managers and employees«. In: *Die Personalführung*, 4/2006: 30–37
Siegrist, J. (1996): »Adverse health effects of high effort – low reward conditions at work«. In: *Journal of Occupational Health Psychology*, 1: 27-43
Siegrist, J. (2002): »Effort-reward imbalance at work and health«. In: Perrewe P./Ganster, D. (eds.): *Research in occupational stress and well being. Historical and current perspectives on stress and health*. New York: Elsevier: 261-91
Siegrist, J. (2005): »Symmetry in social exchange and health«. In: *European Review*, Vol. 13/2: 145-155
Siegrist, J./Falck, B./Joksimovic, L. (2005): »The effects of effort-reward imbalance at work on health«. In: Antoniou, A.-S.G./Cooper, C.L. (eds.): *Research companion to organizational health psychology*. Edward Elgar Publication
Sprenger, B. (2005): *Im Kern getroffen. Attacken aufs Selbstwertgefühl und wie wir unsere Balance wiederfinden*. München: Kösel
Stein, D.J./Kupfer, D.J./Schatzberg, A.F. (2006): *Textbook of mood disorders*. Arlington: American Psychiatric Publishing
Steiner, V. (2005): *Energiekompetenz. Produktiver denken, wirkungsvoller arbeiten, entspannter leben*. Zürich: Pendo
Stewart, A./Ward, T./Purvis, M. (2004): »Promoting mental health in the workplace«. In: Thomas, J.C./Hersen, M. (eds.): *Psychopathology in the workplace. Recognition and adaption*. New York: Brunner Routledge

Taylor, Ch. (2005): »Kapitalismus ist unser faustischer Pakt«. In: *Die Zeit*, 4. Mai 2005, S. 52

Thomas, J.C./Hersen, M. (2004): *Psychopathology in the workplace. Recognition and adaption*. New York: Brunner-Routledge

Unger, H.-P. (2006): »Integrierte Versorgung Depression.« In: *Der Nervenarzt*, 77: 618–621

Wagner, H. (2005): *Rentier' ich mich noch? Neue Steuerungskonzepte im Betrieb*. Hamburg: VSA

Wallace J./Schneider, T./McGuffin, P. (2002): »Genetics of depression«. In: Gotlib, I.H./Hammen, C.L. (eds.): *Handbook of depression*. New York: The Guilford Press

Wardetzki, B. (2000): *Ohrfeige für die Seele. Wie wir mit Kränkung und Zurückweisung besser umgehen können*. München: Kösel

Wardetzki, B. (2005): *Kränkung am Arbeitsplatz. Strategien gegen Missachtung, Gerede und Mobbing*. München: Kösel

Weber, A./Hörmann, G./Köllner, V. (2006): »Psychische und Verhaltensstörungen. Die Epidemie des 21. Jahrhunderts?« In: *Deutsches Ärzteblatt*, 103/13: B712-B715

Westerlund, H. et al. (2004): »Workplace expansion, long-term sickness absence and hospital admission«. In: *The Lancet*, Vol. 336/9416

Wilkinson, S.R. (2003): *Coping and complaining*. New York: Brunner Routledge

Wittchen, H.U./Müller, N./Schmidkunz, B. et al. (2000): »Erscheinungsformen, Häufigkeit und Versorgung von Depressionen. Ergebnisse des bundesweiten Zusatzsurveys ›Psychische Störungen‹.« In: *Fortschr Med*, 118 (Suppl. I): 4-10

Zapf, D. (1999): »Mobbing in Organisationen – Stand der Forschung«. In: *Zeitschrift für Arbeits- und Organisationspsychologie*, 1: 1-25